国家电网公司　　　　　　　　　　**2015年版**

生产技能人员职业能力培训通用教材

团队建设

国家电网公司人力资源部　　组编

刘斌祥　主编

中国电力出版社

CHINA ELECTRIC POWER PRESS

内 容 提 要

《国家电网公司生产技能人员职业能力培训教材》是按照国家电网公司生产技能人员标准化培训课程体系的要求，依据《国家电网公司生产技能人员职业能力培训规范》（简称《培训规范》），结合生产实际编写而成。

本套教材作为《培训规范》的配套教材，共72册。本册为通用教材的《团队建设》，全书共三章、19个模块，主要内容包括团队概述，团队的合作与信任，建设高绩效团队。

本书是供电企业生产技能人员的培训教学用书，也可以作为电力职业院校教学参考书。

图书在版编目（CIP）数据

团队建设/国家电网公司人力资源部组编. —北京：中国电力出版社，2010.5（2019.8重印）
国家电网公司生产技能人员职业能力培训通用教材
ISBN 978-7-5083-9604-0

Ⅰ. 团…　Ⅱ. 国…　Ⅲ. 电力工业–工业企业管理–组织管理学–中国–技术培训–教材　Ⅳ. F426.61

中国版本图书馆 CIP 数据核字（2009）第 195626 号

中国电力出版社出版、发行
（北京市东城区北京站西街 19 号　100005　http://www.cepp.com.cn）
北京雁林吉兆印刷有限公司印刷
各地新华书店经售

＊

2010 年 5 月第一版　　2019 年 8 月北京第十一次印刷
710 毫米×980 毫米　16 开本　9.25 印张　168 千字
印数 43801—44800 册　　定价 **38.00**元

《国家电网公司生产技能人员职业能力培训通用教材》

编　委　会

国家电网公司
生产技能人员职业能力培训通用教材

前　言

　　为大力实施"人才强企"战略，加快培养高素质技能人才队伍，国家电网公司按照"集团化运作、集约化发展、精益化管理、标准化建设"的工作要求，充分发挥集团化优势，组织公司系统一大批优秀管理、技术、技能和培训教学专家，历时两年多，按照统一标准，开发了覆盖电网企业输电、变电、配电、营销、调度等34个职业种类的生产技能人员系列培训教材，形成了国内首套面向供电企业一线生产人员的模块化培训教材体系。

　　本套培训教材以《国家电网公司生产技能人员职业能力培训规范》（Q/GDW 232—2008）为依据，在编写原则上，突出以岗位能力为核心；在内容定位上，遵循"知识够用、为技能服务"的原则，突出针对性和实用性，并涵盖了电力行业最新的政策、标准、规程、规定及新设备、新技术、新知识、新工艺；在写作方式上，做到深入浅出，避免烦琐的理论推导和论证；在编写模式上，采用模块化结构，便于灵活施教。

　　本套培训教材包括通用教材和专用教材两类，共 72 个分册、5018 个模块，每个培训模块均配有详细的模块描述，对该模块的培训目标、内容、方式及考核要求进行了说明。其中：通用教材涵盖了供电企业多个职业种类共同使用的基础知识、基本技能及职业素养等内容，包括《电工基础》、《电力生产安全及防护》等 38 个分册、1705 个模块，主要作为供电企业员工全面系统学习基础理论和基本技能的自学教材；专用教材涵盖了相应职业种类所有的专业知识和专业技能，按职业种类单独成册，包括《变电检修》、《继电保护》等 34 个分册、3313 个模块，根据培训规范职业能力要求，Ⅰ、Ⅱ、Ⅲ三个级别的模块分别作为供电企业生产一线辅助作业人员、熟练作业人员和高级作业人员的岗位技能培训教材。

　　本套培训教材的出版是贯彻落实国家人才队伍建设总体战略，充分发挥企业培养高技能人才主体作用的重要举措，是加快推进国家电网公司发展方式和电网发展方式转变的具体实践，也是有效开展电网企业教育培训和人才培养工作的重要基础，必将对改进生产技能人员培训模式，推进培训工作由理论灌输向能力培养转型，提高培训的针对性和有效性，全面提升员工队伍素质，保证电网安全稳定运行、支撑和促进国家电网公司可持续发展起到积极的推动作用。

本册为通用教材部分的《团队建设》，由湖北省电力公司具体组织编写。

全书第一章由湖北省电力公司张艳霞、刘斌祥编写；第二章由湖北省电力公司刘智平编写；第三章由湖北省电力公司刘斌祥编写。全书由刘斌祥担任主编。华北电网有限公司王宝富担任主审，华北电网有限公司魏玉香、张建华、刘秀敏参审。

由于编写时间仓促，难免存在疏漏之处，恳请各位专家和读者提出宝贵意见，使之不断完善。

国家电网公司
生产技能人员职业能力培训通用教材

目　　录

第一章 团 队 概 述

模块 1　团队的定义（TYBZ03601001）

【模块描述】本模块介绍了团队、群体的概念。通过概念分析、案例练习，熟悉团队的概念及内涵，掌握团队构成的五个基本要素和团队与群体的区别及联系。

【正文】

一、团队的概念

团队是由两个或两个以上的人组成，通过成员间相互影响、相互作用，在思想上达成共识，在行动上有共同规范的一种介于组织与个人之间的一种组织形态。他们为了共同目标走到一起，承诺共同的规范，分担责任和义务，为实现共同目标而团结奋进。

人们可从以下四个方面来加深对团队概念的理解。

一是有心理的联系。成员之间应该在心理上建立起一定联系，形成默契关系，能够彼此关心，让个体对团队有认同感和归属感，充分意识到"我是团队的成员"。

二是有共同的目标。团队目标应该鲜明、具体，有感召力，能够被成员认同、向往和追求，成为指引方向、克难奋进的"明灯"。

三是有共同的责任。实现团队目标，需要全体成员认真履行职责，共同担负团队使命，把权利和义务、意愿和使命统一起来，自觉落实在实践之中，体现在细微之处，用实际行动打造团队责任共同体，始终保持追求目标与承担责任的一致性。

四是有共同的规范。为了规避风险，确保个体行动与团队要求一致，必须制定出相应的工作标准，用以规范成员行为，让他们知道在一定的条件下，应该做什么，不应该做什么，并通过持续的规范作用，养成良好的行为习惯。

二、团队的基本构成要素

一般而言，团队应该包括目标、人员、定位、权限和计划五个要素，它们是构建团队的基本条件，并以此形成团队的整体框架。由于这五个要素的英文单词都是以 P 开头，因此人们将它们总结为 5P 要素。团队构成要素及其相互关系，如图

图 TYBZ03601001-1　团队构成要素
及其相互关系

TYBZ03601001-1 所示。

1. 目标（Purpose）

所谓目标，就是在团队组建之初确立的并通过努力希望到达的境地或地方。目标是构成团队的方向性要素，它是否树立或树立的正确与否，决定着团队的未来，影响着团队的成长质量。

2. 人员（People）

团队构成的核心是人员。因为团队是根据任务要求而组建的，它需要有各类角色的个体。换句话说，成员应该有自己的专长和特点，譬如善于计划的人、善于实施的人、善于协调的人、善于督办的人……他们扬长避短、有机配合，形成团队的人力资源，成为团队一切活动的物质承担者。

3. 定位（Place）

团队定位包含以下两层含义：

一是团队整体定位。它包括确定团队在组织中所处地位，确定或选择团队成员，确定团队最终的归属部门，确定团队对下属的激励方式，等等。

二是团队成员定位。就是确定成员在团队中的各种角色，即哪些成员侧重制订计划、哪些成员侧重具体实施、哪些成员侧重组织管理、哪些成员侧重督办评估等。

4. 权限（Power）

所谓权限，就是指团队负有的职责和享有的相应权力。

团队的权限不是固定不变的量度，与它在组织中的地位、作用、影响有关，同时，还受到组织的规模大小、业务性质、工作方式等的制约，但有两点是可以明确的：① 团队对组织越重要，它所拥有的权限就越宽松，反之则不然；② 团队发展的阶段不同，它拥有的权限也是有区别的，一般而言，在团队发展的初级阶段，领导权相对集中在上级，团队享有相对紧缩的权限；团队越成熟，上级领导对其授权幅度就越大，因而团队的权限就相对宽松。

5. 计划（Plan）

计划就是对未来的安排，它关系到实现团队目标的路径、方式和效果。一方面，计划要具有前瞻性和导向性，在它的引导下使团队的组建工作和生产实践有条不紊地向前推进；另一方面，计划必须具有科学性和系统性，它是在紧密结合实际的基础上，运用集体智慧制订的系列行动方案、进度安排等，以解决团队在追寻目标过程中的各种秩序问题。

三、团队与群体的区别

1. 群体的概念

群体是指两个或两个以上的人，为了达到共同的目标，以一定的方式联系在一起进行活动的人群。

2. 团队与群体的区别

团队与群体的区别如表 TYBZ03601001-1 所示。

表 TYBZ03601001-1　　　　　　团队与群体的区别

序　号	类　型	群　体	团　队
1	领导	公认的领头人	共同承担领导责任
2	目标	目标与组织一致	有自己的目标
3	协作	中性（有时消极）	积极
4	责任	个人责任不明确	个人及相互负责
5	技能	随机的或不同的	相互补充
6	结果	个人绩效	集体绩效

结合表 TYBZ03601001-1，可以将团队与群体的区别分述如下：

一是领导方面。群体只是因为一时需要形成的人群，他们只有公认的领头人，成员为了一定目的，工作过程中更多地表现为服从和从众；而团队则不同，它诞生于上级组织的发展需要，团队内部有且必须有一位核心人物能够带领成员一道去实现共同的目标。

二是目标方面。群体的任务来自上级组织的部署，上级组织的工作目标就是群体的工作目标；团队必须建立自己的目标体系，并以此凝聚成员、引导方向、鼓舞士气，让成员以倾心的情感和追随的力量去达成自己的目标。

三是协作方面。群体是一个不稳定的组织，成员之间的关系比较复杂、较为散乱，彼此之间的依赖性、协作性较差；团队是一个以协作为基础的组织，团队目标的实现依靠所有成员的共同努力，同时，个体作用的发挥和自身价值的体现，更多地依靠团队提供的平台和成员给予的支持。

四是责任方面。群体分工不够细致，责任划分也不太明确，工作责任更多地集中在领导者那里；团队有明确的角色定位，成员职责分明，全体成员包括领导者在内，不仅要对自己负责，而且还要为整个团队负责。

五是技能方面。群体组成具有较大的随机性，个体在技术、技能等方面的水平会参差不齐，难以形成有效的互补；团队在选择成员时就事先考虑了这一因素，从整体功能角度出发，对每个角色的技术、技能都有不同的要求，以达到有机构成、技能互补，整体功能更强的目的。

六是结果方面。群体的绩效是个体绩效之和，其结果可能是 1+1＜2；团队绩效是由成员倾心努力、共同创造的成果，其结果应该是 1+1＞2。

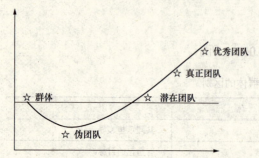

图 TYBZ03601001-2　群体向团队发展的几个阶段

3. 团队与群体的联系

群体可以向团队过渡。群体发展到真正团队需要经历较长时间的培育和磨砺，其历程将要经过如图 TYBZ03601001-2 所示的四个重要阶段。

第一阶段，由群体发展到伪团队（假团队）。这一阶段的特点是：成员对指定的领头人会给予信赖，他们会关注自己在群体中的安全和个人感受，为使自己得到较为自在的工作环境，彼此之间开始注意依赖和包容关系的建立。

第二阶段，由伪团队发展到潜在团队。此时的状态已经具备了团队的雏形。这一阶段的特点是：成员开始试图让自己从对领导的依赖中解放出来，成员之间为了整体目标实现和工作程序问题往往产生冲突。这种冲突是必需的，它表明了群体内的信任存在，通过有效解决冲突、确立信任关系，进而实现潜在团队向真正团队突破。

第三阶段，由潜在团队发展到真正团队。此时已经具备了团队的一些基本特征。这一阶段的特点是：成员之间关于角色、组织、工作、程序等的商谈更加成熟，他们会积极发展与他人的工作关系，开展实质性的工作合作。

第四阶段，由真正团队发展到优秀团队。这是团队发展的高级阶段。这一阶段的特点是：以前几个阶段的许多问题得到了解决，团队及其成员之间更加和谐，成员自我管理能力普遍增强，他们把精力集中在实现目标、完成任务和创造更高的绩效上，工作效率显著提高。

案例学习：选拔辩手。

某学校有 5000 名学生，为参加市里组织的一场辩论赛，学校准备公开选拔一批辩手。各学院（系部）共选拔出 10 名学生参加，分成两支队伍。其中将有 5 名选手是正选队员，另外 5 名是候补选手兼当陪练。由于辩论赛通知来得比较晚，这 10 名选手被选拔出来，是因为他们平时在校内组织的辩论赛中表现很好，10 名选手也没有充分的交流和准备。

经过一段时间的训练、角逐和选拔，5 名正选队员产生。

这 5 名正选队员抓紧时间，争分夺秒，收集正反方面的论据和材料，然后进行讨论，针对对手的反驳角度和立论基础，他们各抒己见。在讨论过程中，他们已经对己方的相关细节和赛场上可能出现的突发状况，都作了充分的准备。最后，他们信心十足地到市里参加比赛。由于准备充分，他们获得了这次比赛的第一名。

学习感悟：人们从辩手的选拔、成长、磨合和工作过程中，可以进一步地理解团队成长的几个阶段。从5000名学生中挑出10名选手，就是群体向伪团队过渡。当10名学生明确了参赛目标、要求和责任，并开始为争取正选队员资格作准备时，就是伪团队向潜在团队过渡。当5名正选手被确定，并开始根据比赛要求进行角色分工、精心准备时，就是潜在团队向真正团队过渡。当5名选手着手制订参赛计划，不断增强协作意识和能力，彼此之间达到默契程度时，就是真正团队向优秀团队过渡。当然，在实际工作中，团队过渡和成长所需条件及训练过程，要比选拔辩手、培养辩手和辩手磨合情况复杂得多，这是应该明确的一点。

【思考与练习】

1. 列举团队概念的要点。
2. 列举身边由群体发展成团队的实例，并说明其阶段和理由。
3. 简述团队构成的基本要素。

模块 2　团队的种类（TYBZ03601002）

【模块描述】本模块介绍了团队的种类，包含团队构成方式、团队存在时间、团队功能和团队任务四个方面。通过概念分析、案例练习，熟悉团队种类的划分和特点，加深对团队的理解和认识。

【正文】

一、根据构成团队的方式划分

1. 正式团队

正式团队是指由上级组织正式设立并有明文规定的一种有固定编制、职责权限、规章制度、领导者和确定的上下级关系的团队。最常见的有命令型团队和委员会，例如大学的学生会，虽然委员会中的成员经常更换，但委员会总是存在。

2. 非正式团队

非正式团队是指人们在相互交往中组成的，没有正式组织程序和明文规定的团队。霍桑实验表明：企业中存在着非正式组织（非正式团队），这种非正式组织的作用在于维护成员的共同利益，使之免受其内部个别成员的疏忽或外部人员干涉所造成的损失。非正式团队中有自己的核心人物和领袖，有大家共同遵循的观念、价值标准、行为准则和道德规范等。

二、根据团队存在的时间划分

1. 固定型团队

固定型团队是指长期存在的一种较为稳定的组织形态，如生产班组、工段或车间、学校班级等，其组织形态、团队结构相对稳定。但是，这种团队多属于行政划分，往往人数过多，不能更好地反映团队特征，因此，要使之成为真正的团队，还必须按照团队要求进行调整和建设。

2. 临时性团队

临时性团队是指为了完成某一临时任务而形成的团队，任务一旦完成，团队也自行解散。这种组织形态比较灵活，企业可根据工作需要，实现跨部门、跨专业组建，以新型的组合能力，达成企业的工作目标。

三、根据团队的功能划分

1. 问题解决型团队

问题解决型团队是指组织根据任务需要建立起来的，其结构关系如图TYBZ03601002-1 所示，其中 5 个圆形图代表团队成员，箭头指向是成员关注并努力解决的问题。譬如 PDCA（P-plan，计划；D-do，执行；C-check，检查；A-act，处理）质量小组，成员定期讨论生产中的质量问题，探讨问题成因，向上级提出解决问题的方案，然后分工合作实施。

这种类型的团队成员在参与决策方面尚欠不足，他们没有实际权力自行做主改进行动方案。

2. 自我管理型团队

自我管理型团队是指由团队成员合作处理日常事务，自行为整个工作流程负责的团队。自我管理型团队的结构关系如图 TYBZ03601002-2 所示，中间的五角线联系着团队成员，他们除了有明确的工作任务外，还能够彼此交流信息、探讨工作，一起决策事务。

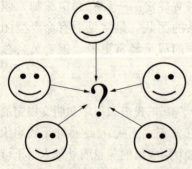

图 TYBZ03601002-1　问题解决型
团队的结构关系

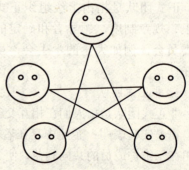

图 TYBZ03601002-2　自我管理型
团队的结构关系

这种类型的团队在西方发达国家比较盛行，如通用汽车、百事可乐、惠普、麦当劳等是推行自我管理型团队的代表。应该指出，为了保证自我管理型团队有比较稳定的工作效果，在组建该类团队时必须考虑企业的成熟程度、成员的素质水平及责任感等问题。

3. 多功能型团队

多功能型团队又称为功能交叉型团队，它是由来自同一等级、不同工作部门的员工组成。他们走到一起后，成员之间交换信息，激发新的观点，协调复杂的项目，解决面临的问题。多功能型团队的结构关系，如图 TYBZ03601002-3 所示。

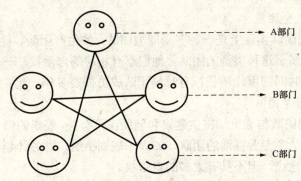

图 TYBZ03601002-3　多功能型团队的结构关系

这种类型的团队在大型项目的开发和管理上非常适用和流行，比如我国新近研究开发的第三代和第四代移动通信技术，就是集中了全国多个高校、科研单位和企业的力量组成的项目组，在项目总负责人的组织下，由 10 多个单位的各方面专家组成的多功能团队联合攻关开发，从而在较短的时间内取得了技术上的突破。由于该类团队属于跨部门组建，要求团队成员具有很强的合作意识和个人素质。

4. 虚拟团队

在以往的团队，成员拥有共同的空间，他们都有自己的单位和行政边界，而虚拟型团队则是以计算机网络为支撑建立起来的、动态的、分散的结合体。现在虚拟团队在越来越多的航空公司发挥着重要作用，譬如美国航空公司、英国航空公司、荷兰皇家航空公司等，他们运用虚拟团队整合飞行业务，向乘客提供更多的飞行航线。采用虚拟团队将飞行业务整合后，顾客出行更加方便，他们无论想去哪里，似乎只需要面对一家航空公司。

虚拟团队作为一种新型的组织模式，是个有生命力的系统，但因为它是由许多扮演不同角色、相互依存、分散各地的人所组成，所以成员之间的关系不固定。

8

模块
2

TYBZ03601002

四、根据团队的任务划分

1. 生产／服务型团队

生产／服务型团队通常由专职员工组成，他们承担着常规任务，按部就班地工作，以保证组织的生产和服务正常运行。这种类型的团队通常活跃在制造、生产和服务行业。

2. 行动／磋商型团队

行动／磋商型团队是由拥有较高技能的个体组成，每个人的角色具有明确的定位，为了一个特殊的目标而一起合作，比如外科手术小组、音乐小组、运动队、飞行机组人员、军事战斗小组等。

3. 计划/发展型团队

计划/发展型团队实际上是一种多功能型团队，如生产团队、科研团队、创新团队、计划团队就属于这种类型的团队，他们享有相应的自治权。一般而言，这种类型的团队，工作时间跨度比较长，有时候团队成员需要多年一起完成一项计划。

4. 建议/参与型团队

建议/参与型团队与为组织提供建议和辅助决策有关，经典的例子是组织的高层管理团队，还有从事专业咨询的团队，如人才规划小组、财务计划小组等，他们为组织提供构想和建议，但不具有太多的自治权。

【思考与练习】

1. 比较三种类型团队——问题解决型团队、自我管理型团队、多功能型团队的优点和不足。

2. 分析下列案例并确认团队类型，同时比较其优势。

材料一：麦当劳的危机管理团队。

麦当劳有一个危机管理团队，其责任是应对重大危机。该团队由来自麦当劳运营部、训练部、采购部和公共关系部等部门的一些资深人员组成，他们每季度都共同接受关于危机管理的训练，甚至模拟当危机到来时怎样快速应对，如广告牌被风吹倒砸伤了行人时该如何处理：一些成员负责考虑如何把受伤的人送到医院，如何回答新闻媒体的采访，当家属询问或提出质疑时如何对待；另外一些人要考虑如何对受伤者负责，保险谁提供，怎样确定保险。这些都要求团队成员能够在复杂问题面前作出快速行动，并进行专业化处理。

材料二：《林海雪原》中少剑波的团队。

1946年冬，东北国民党军队已基本被消灭，伪政权垮台，剩下不多的漏网"国军"逃进长白山的深山老林做了土匪，他们穷凶极恶地依仗复杂的地形对刚刚建立起来的新政权进行报复。为了消灭这群土匪，牡丹江军分区正在召开紧急会议：命令团参谋长少剑波率领一支小分队深入林海雪原，单独执行剿匪任务……

当田副司令问少剑波调用哪些人时，少剑波回答道：有侦察英雄杨子荣、战斗英雄刘勋苍、长腿孙达得、山猴奕家超、机枪手马保山、鸽子白茹……一共45人。

为了保障小分队的战斗力，军分区给他们配备了当时最好的武器装备，尤其是每人发了一双大头毛皮鞋，后来又给他们送去了高级滑雪板……

临行前，田副司令代表军分区向少剑波命令："你们的任务是将土匪干净彻底地消灭掉……"

小分队队员举拳向首长保证："绝不辜负党和人民的期望，坚决完成任务……"

于是就有了接下来的杨子荣智取威虎山、刘勋苍大战郑三炮、孙达得七天七夜长途跋涉林海雪原、奕家超飞越鹰嘴洞、白茹巧治冻伤症等动人心魄的战斗故事，他们最终圆满地完成了任务。

3. 试析三种你经历或身边的团队类型。

模块3 团队对组织的益处（TYBZ03601003）

【模块描述】 本模块介绍了团队对组织的益处，包含组织运行效率、组织民主氛围、组织挑战能力和组织适应能力四个方面。通过要点分析、案例练习，领会团队对组织的益处，加强对团队的认同和向往。

【正文】

一、提高组织的运行效率

1. 增强组织的竞争实力

（1）团队是协作精神较强的群体。团队的一个重要特点就是成员间能够有效合作共事，始终视对方为自己的事业伙伴，把团队目标当作自己的崇高追求，每位成员在工作中不仅重视自己的分内工作，而且还能够对团队和同伴负责。这种高度的协作精神，是增强组织竞争实力的重要保证。

（2）团队是专业水平出众的群体。组建团队就是为了更好地履行特殊使命，完成特殊任务。因此，成员都是来自各个方面的技术能手，除了个体必须具备较好的技术素质外，他们还要彼此搭配、有机构成，以此形成 1+1＞2 的整体功能，这种强大的功能就是对组织竞争能力的技术支持。

（3）团队是自主程度较高的群体。随着团队的成长和成熟，它将享有更多决断和处理事务的权力。当今市场瞬息万变、工作节奏不断加快，这种具有较高自主程度的群体，能够在最短的时间内为组织赢得转机，这是组织具备和提升竞争实力的重要条件。

案例学习：女学生和老师。

在一次乐理选修课上，尽管老师在台上津津乐道，但学生仍然提不起精神，因为有些同学是为了学分而来。课堂气氛显得单调和乏味。一会儿，一个温文尔雅的女生走上讲台，端坐于台上的钢琴前，纤手抚琴，顿时，一曲美妙的音乐随着她的节奏萦绕课堂。讲话声停止了，教室里立刻安静下来，同学们用心聆听着优美的乐曲，完全沉静在幸福的享受之中。当演奏结束时，台下传来了雷鸣般的掌声。

从此以后，学生对乐理选修课产生了浓厚的兴趣，教室里常常是座无虚席。

学习感悟：之所以乐理选修课能够被学生喜爱，关键是那位女学生和老师的合作力量吸引了同学，让他们对此产生了兴趣。假如把音乐老师和那个女学生的结合比作一个小团队，学校当作组织，这个团队为组织创造了比预期大得多的价值，提升选修课价值就是该团队对组织实现教育目标的贡献。

2. 优化组织的运行程序

传统企业内部通常是以职能部门作为运作经营的单元，依靠自下而上的层层汇报和自上而下的层层指挥来维系组织的正常运转，这种结构虽然有利于各职能部门保持统一的口径和步伐，但部门之间的行政边界不利于企业整体业务流程的畅通运转，这种封闭式管理会导致企业业务流程脱节和不连贯。此外，这种模式还容易引起各职能部门间因各自利益所得而互相推诿、不愿承担责任情况发生。而团队则不同，任务的性质、成员的构成、工作的方式、权力的获得等使他们拥有边界开放的工作环境，他们能够从整体角度考虑企业的工作流程和运作方式，并根据实际需要实时地进行调整和优化，以保证企业的工作速度和效率。

二、营造组织的民主氛围

1. 让员工享有知情权

团队是建立在更为公开、透明基础上的工作群体，无论团队领导还是团队成员，他们之间平等地享有知情、知事、知理等权力。团队作为企业的基本工作单位和过程，它在一定程度上反映着企业的整体面貌和状态，同时，它的民主示范效应无疑对企业的民主建设起到推动作用。

2. 让员工享有建议权

在团队内部，成员享有充分的发言权和建议权。成员的民主判断、民主决策、民主处理，为团队注入了生机和活力，为团队健康发展提供了有效保障。团队成员享有的这种权力，标志着民主建设的进步，预示着企业民主发展的方向。

3. 让员工享有协商权

团队成员享有协商权，能够最大限度地激发自己的热情和潜能，提出种种独特的设想和思路，为团队有效运作提供智力保障。企业相对团队是一个大系统，企业的建设和发展同样需要员工参与协商，这既是企业发展的需要，更是民主建设的需要。

4. 让员工享有否决权

在团队中，伙伴关系的建立、平等地位的确定、和谐氛围的形成、利益共同体的构成，决定了每位成员都是团队的主人，他们把对团队负责与对自己负责统一在一起，在团队享有充分的发言权和否决权，这是团队发展的表现、民主进步的标志、企业努力的方向。

三、强化组织的挑战能力

1. 集成组织的群体智慧

当组织从简单系统向大系统、巨系统和复杂巨系统演化时，它需要解决的问题往往比较复杂。解决这类问题，仅仅依靠单一的人力、单一的知识、单一的技术是不能奏效的。团队解决这类问题具有它的独特优势，它能够根据任务需要，将拥有不同知识、技术、技能、专长、信息等员工组合在一起解决问题，由于每位成员擅长的领域不同，他们能够实现知识、技术、经验的互补与共享，激发创造性解决问题的新能力，使复杂的问题得到顺利解决、任务得到圆满完成。团队的工作方式不仅最大限度地激发、利用了员工的智能，而且通过成员的思想碰撞、能力磨合进一步强化了企业的挑战能力。

2. 实现组织的信息共享

正确的决策，在很大程度上依赖于信息的即时性、对称性、开放性、共享性和集成性。根据团队的工作方式，团队既是企业的基本工作单元，又是重要的信息集散平台，成员在这里能够享受到来自伙伴的信息大餐，同时，也可以将自己的最新获得与大家分享，这种信息互动与共享，促进了信息交换与增值，使团队减少了不确定性因素，保证了决策的正确性和应有的工作速度及效率。团队无边界的工作性质和在企业的地位及作用，决定其信息必然向企业传导，为增强企业的挑战功能提供信息支持。

3. 提升组织的学习能力

学习型组织理论认为，团队既是企业的基本工作单元，又是学习与工作相结合的典范，他们应该是善于学习、善于工作、善于攻关的群体，特别是跨部门、跨专业、跨工种的人员结构，更能刺激他们的学习激情，更能提高他们的学习效果。团队成员会将自己获得的新知识、新经验、新技能、新工艺，积极地应用于实践，解决工作中的各种问题，实现认知—能力—认知的循环和整合，从而在实践中提高自己的学习能力和工作能力。团队的学习效应，必将引起企业的学习状态改善，促使企业向学习型组织转变。

四、提升组织的适应能力

从结构角度讲，分工细密、层级森严的组织结构模式，由于专业化分工而形成的横向界面及层级制所形成的纵向界面，严重阻碍了企业内部资源要素的流动以及外部资源的整合，造成组织反应迟钝、行动僵化、效率低下、缺乏活力，难以适应市场环境的动态要求。而团队是在没有改变组织框架的情况下，构建起来的"行动小分队"，它既可保证企业的稳定性，又可灵活应对市场环境的各种变化。因此，对企业而言，有目标各异的多种团队存在，将大大提高企业对市场环境的反应能力和适应能力，有利于企业在瞬息万变的市场环境中更好地生存和发展。

【思考与练习】

1. 团队为什么如此流行？

2. 团队对于组织会带来哪些影响，并以实例说明。

3. 简述在企业建立多种团队的必要性。

模块 4　团队对个人的益处（TYBZ03601004）

【模块描述】本模块介绍了团队对个人的益处，包含提升成员的工作能力、满足成员的心理需要、提高成员的综合素质、团队对成员的非定向影响四个方面。通过理论分析、案例练习，了解个体离开团队的危害，领会团队对个人的益处，加强对团队的认同和向往。

【正文】

团队特有的成员组合、工作方式、人文体系、人际关系、内部环境等，将为每位成员提供高度适宜的工作环境和尽显才能的工作舞台，使他们在团队自在地工作、自主地工作、自为地工作，以和谐的环境和愉快的心情生动地体现工作的真谛。具体地讲，团队对个人的意义将体现在以下两个方面。

一、离开团队的危害

一项风洞实验的结果显示：当雁群呈 V 型飞行时要比孤雁单飞省力 70%。大雁在长途跋涉的远程迁徙中，没有一只大雁会离开团队独自远行，因为它们知道，没有雁群飞行的省力效应，仅依靠个体力量是无法抵达目的地的；当单雁离开雁群后，不仅要独立承受来自大气的巨大阻力，而且还将失去彼此关照的集体环境，孤立面对各种未知的风险，甚至可能成为强者的猎物。

同样，当一个人离开团队后，他将失去彼此托付的伙伴，相互帮衬的力量，和谐做事的环境，施展才华的舞台……仅靠单枪匹马地单打独斗，不仅显得力量单薄，而且还难以实现自己的预期价值，无法达到事先树立的工作目标。

雁群效应给了人们这样的启示：个体的发展离不开团队的发展，每个人只有将自己的目标与团队目标融为一体，与团队成员同舟共济，借助群体的智慧、力量和优势，才能随着团队的发展而实现个人的目标与价值。所以，个体只有融入团队、依附团队才能取得成功。

二、团队对个人的益处

1. 提升成员的工作能力

一位哲人曾说过：你手上有一个苹果，我手上也有一个苹果，两个苹果交换后每人还是一个苹果。如果你有一种能力，我也有一种能力，两种能力交换后就不只是一种能力了。在职场，只有善于合作共事、取人之长、补己之短的人，才能有效提升自己的能力，进而放大自己的工作业绩。

从某种意义上讲，现代社会是团队实力竞争的社会，个体只有加入团队，真正得到团队的环境熏陶、伙伴帮助、信息支持等，才能使自己的特质升华。当成员为了团队的共同目标奋斗时，他们会主动谋求合作，产生多重效应，既减少了消极冲突的可能，又创造了愉快的工作氛围，从而使个体的功能放大。否则，就会扩大内耗，销蚀斗志，降低效率。

案例学习：蚂蚁灭火。

有位科学家做了一项实验：他把一盘点燃的蚊香放进蚁穴里。开始，蚂蚁惊恐万状，大约十几分钟后，便有许多蚂蚁纷纷向火冲去，对着点燃的蚊香喷射出自己的蚁酸。一只蚂蚁的蚁酸量十分有限，致使一些蚂蚁葬身火海，但它们仍然前仆后继，几分钟后，火被扑灭了。活下来的蚂蚁有秩序地将"战友"的尸体安葬了。又过了一段时间，这位科学家又将一支点燃的蜡烛放到了那个蚁穴里。虽然这一次的"火灾"更大，但是这群蚂蚁已经有了上一次的经验，它们很快便协同在一起，有条不紊地作战，不到一分钟，烛火便被扑灭了，而蚂蚁无一死亡，这不能不说是个奇迹。

学习感悟：蚂蚁之所以有这样的力量和功能，关键在于它们的高度组织化和个体功能放大。个体的力量是很有限的，而团队的力量可以实现个人难以达成的目标。所以，个体只有自觉地把自己当作团队一员，并以团队目标为导向，充分借助群体的智慧和力量，以群体合力在实现团队目标的同时达成自己的目标。

2. 满足成员的心理需要

按照马斯洛的五个需求层次理论，个体的心理需求随着物质文明的发达和自己拥有物质水平的提高会不断向上升移，他们在满足生存、发展所需要的物质、教育、安全等条件外，在自身综合素质不断提高的同时，会积极憧憬未来，产生自我实现的心理需求。

事实也是如此，每个人的心中都有向上发展的阶梯，希望通过有关途径和条件，使自己的假设得到采纳和应用，自己的愿望得到实现，自己的价值得到体现。这是一个带有普遍性的规律。

团队是一个高度开放、高度自主、高度民主的群体，为成员提供了和谐的人文环境、友好的人际关系、良好的工作平台……每位成员身在其中，能够得到人格的尊重、环境的支持、机制的扶持、成员的帮助……使自己关于工作、关于成长的种种假设得到重视、采纳和应用，在实现团队整体目标的同时，达成自己的职业目标，满足自己的心理需求，实现自己的人生价值。这是团队给予成员的鲜明益处。

模块 4

TYBZ03601004

模块
4

TYBZ03601004

案例学习：诺基亚的秘诀。

移动通信行业发展快速，只有10多年历史的手机，产品几乎每18月就更新一代。为反映这一行业的特性，诺基亚在中国的5000多名员工的平均年龄只有29岁。诺基亚希望他们能跟上快节奏的变化，采取"投资于人"的发展战略，让公司获得成功的同时，个人也可以得到成长的机会。

在诺基亚，一个经理就是一个教练，他要知道怎样培训员工来帮助他们做得更好，不是"叫"他们做事情，而是"教"他们做事情。

经理在教他的工作伙伴做事情、建立团队时，要力求设计合理的团队结构，让每个人的能力得到发挥。他们认为没有完美的个人，只有完美的团队，唯有建立健全的团队，企业才能立于不败之地。

学习感悟：诺基亚是移动电话市场的旗舰厂商，他们的团队意识和行为给了人们以下启示：首先是成员对团队的贡献率，那种"没有完美的个人，只有完美的团队"的思想，正是强调了成员的有机组合，并通过这种组合实现成员的功能放大，让每位成员感受到自己身在其中的价值和意义；其次是成员在团队中的成长率，经理=教练的角色定位，变"叫"为"教"的做法，正是重视了成员的成长性，而且，这种开明的领导行为，将会增强成员之间的帮衬效果，进而使成员成长更快。这正是成员的价值取向需要和自我实现需求。

3. 提高成员的综合素质

科学技术的迅猛发展，日益激烈的竞争环境，都需要人们以良好的综合素质来应对，从中赢得自己的生存和发展空间。个体素质的综合性，应该体现出合理的知识结构，可靠的专业技能，自觉的工作行为，强烈的责任能力，宽广的为人胸怀，阳光的处世心态……这既是为人做事的要求，又是成功幸福的条件。

那么，一个人的综合素质又该怎样获得和提高呢？有人可能从书本里获取，有人可能在工作中总结，而学习型组织理论表明，团队实践活动对个人的综合素质提高具有重要作用。是因为：① 团队组织结构的开放性，为每位成员提供了处处有学、处处可学、处处能学的条件和机会，特别是短板原理要求，团队会更加重视成员综合素质水平的有效提高。② 成员自主程度的发展性，使得每位成员能够真正做主自己的工作，实施自己的假设，在实践中锻造自己的能力，根据研究表明，当一个人独当一面、历经困境、背水一战后，其综合能力将成倍增长。③ 成员之间关系的和谐性，一方面为个体素质发展创造了轻松的环境和空间，使每位成员能够自在地学习和提高；另一方面良好的人际氛围，将会净化成员的心灵，使他们以阳光的心态、宽广的胸怀对待自己身边的人和事，进一步增强其为人谋事的素质。总之，团队就是一所学校，它能够有效塑造个人、高效打造群体。

案例学习：三个和尚。

三个和尚在破庙邂逅，看见被冷落而又破旧的庙宇，有一个和尚问到，"这座庙为什么荒废了？"甲和尚说，"一定是和尚不虔，所以菩萨不灵。"乙和尚说，"一定是和尚不勤，所以庙宇不修。"问话的丙和尚也说，"一定是和尚不敬，所以香客不多。"结果，三个和尚发生了争执，最后决定都留下来各尽所能，看看谁能做成功。

于是，甲和尚礼佛念经，乙和尚整理庙物，丙和尚化缘讲经。果然，庙里的香火渐盛，庙宇的面貌也恢复了。甲和尚说，"都因我礼佛虔心，所以菩萨显灵。"乙和尚说，"都因我勤加管理，所以庙物周全。"丙和尚说，"都因我劝世奔走，所以香客众多。"三个和尚日夜争执不休，无心料理佛事，庙里的盛况又逐渐消失了。

三个和尚散去的那天，他们总算得出了一致的结论。这座庙的荒废，既非和尚不虔，也不是和尚不勤，更非和尚不敬，而是和尚不睦。

学习感悟：和尚不睦，就是彼此关系不和谐，个体没有协同、宽容他人的意识和素质。集体成就事业的条件，最重要的因素是凝聚人心。在需要群策群力的宏伟事业中，如果人心所向，众志成城，最后的胜利必定是水到渠成。团队既是成员施展才能的舞台，又是个体成长的"孵化器"，只有正确认识团队的意义和作用，全身心投入团队之中，积极奉献自己的智慧、实时取长补短、丰富自我、培养能力，才能使自己成长更快。

4. 团队对成员的非定向影响

以上三个方面从积极角度介绍了团队对成员的定向影响，团队对成员的影响客观地存在非定向因素，即消极因素与积极因素并存，其综合影响可能是积极的，也可能是中性的，还可能是消极的，这种影响效果的或然性，就需要人们学会甄别和控制，将中性和消极的影响转化为积极的东西，将积极的影响进行应有的放大。

团队对个人的非定向影响主要来自社会助长作用、社会标准化倾向、团队压力、从众压力四个方面。团队对个人的非定向影响，如图 TYBZ03601004-1 所示。

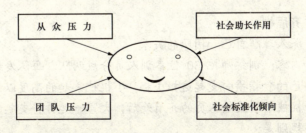

图 TYBZ03601004-1　团队对个人的非定向影响

一是社会助长作用。是指团队成员相互影响而产生的改变自己或团队环境的作用。一般而言，有团队其他成员在场时，个体的工作动机会被激发得更强，比单独工作时更努力，其效率会更高；与伙伴一道工作时可消除单调的工作情绪，形成竞争动力，提高工作热情。但是，这种社会助长作用并不具有约束性和持续性，随着时间的推移，单一的社会助长效果会越来越弱，同时，还容易助长团队成员的侥幸心理，使工作缺乏主动性，一旦环境改变甚至会产生消极怠工等行为，对成员形成负面影响。

二是社会标准化倾向。是指团队成员通过相互作用和影响，产生近乎一致的行为、态度和看法，从而默认某些习惯或者规定的标准，并逐渐在生活和工作中趋同或遵守这一标准。团队社会标准化倾向的积极作用在于增强了团队的凝聚力，促进了团队内部的规范化建设，有利于团队管理，使团队朝着专业化方向发展。但是，当成员试图进行思维与方法创新时，就会感受到集体既有倾向的压力，容易产生从众心理，放弃自己的想法和创意，进而影响成员个性发展。

三是团队压力。是指当个体与多数成员意见不一致时，团队对个体施加阻止力量，个体产生的一种压迫和压抑感。个体迫于某种压力有时候能够保证与大部分成员一致的方向，从而使个人价值取向与社会期望相一致，此时，个体行为容易被社会所接纳。但是，当这种压力导致个体心理难以承受时，就容易产生消极情绪，使之离开团队目标的距离越来越远，形成不良循环，不利成员发展。

四是从众压力。是指个体在意见、判断、行为等方面表现出的与多数人保持一致的一种心理状态。当个体一时无法确定其想法是否正确时，常常容易参照他人的意见办事，使自己在心理上产生一种安全感。从众压力容易使个体丧失自主意识，习惯依赖他人，影响个性意识和能力的正常发挥。

团队对成员的非定向影响时刻存在，我们应该引起高度重视，只有自觉地化被动为主动、化消极为积极、化压力为动力，才能更好地利用团队这一土壤，使自己成长更快。

游戏学习：齐眉棍。

游戏目的：深入理解自己和团队的关系。

游戏规则和内容：训练师把 30 位参训人员分成两队，每队发给一根小棍，每一个人只准用自己的食指横向支起这根小棍，小棍被举起的高度以该队最矮队员的身高为准，当小棍被举到最矮队员的齐眉处后，大家一起再将支起的小棍平稳地放到地面上，具体规则是：

第一，将小棍放回地面时，不能有任何一个队员的手指离开小棍，只要有一个人的食指离开小棍就必须重新再来。

第二，在游戏中，只有队长可以通过"下"、"停"这两个字来控制进程，其他队员都不能说话。

第三，在队员举起或放下小棍过程中，只要有一个人的食指离开小棍都必须从头再做。

学习感悟：活动开始时，很多成员会不屑一顾地认为这是几秒钟就可以完成的事情。但只要进入到操作阶段，成员们很快就会发现，这看似简单的事情却极大地考验着成员的团队意识和承受非定向影响的能力。15 个人同时支着一根小棍，不是举不起来就是举不到指定的位置。一会儿有人脱离小棍需要重来，一会儿有人说话需要重来，一会儿出现多重指挥需要重来……不知要重来多少次才能获得成功。

看似非常简单的事，为何做起来却如此的难？那么，最大的难处在什么地方？关键在于不同的人有不同的想法，有不同的见解，要 10 几个人做到抛弃自我，彼此信任，整齐划一，统一动作，那是非常困难的。当你说"下"时，有的人怕自己做错，于是按兵不动，还有的人要先看别人做了自己再做，时间、动作上的差错致使有人不断脱离小棍。每个人都想让别人按照自己的想法去做，于是，有时除了队长指挥外还会出现其他人指挥，指挥的人越多，秩序就越乱。其实，如果大家闭上眼睛，只要听口令做好自己就行了。

【思考与练习】
1. 团队对成员会带来哪些好处？
2. 如何正确理解"先有团队，才有个人"的观点？
3. 如何将非定向影响中的消极因素转化为积极因素？

模块 5　团队成员各类角色（TYBZ03601005）

【模块描述】本模块介绍了团队成员角色区分的意义和方法，包含团队成员角色区分的意义、团队成员角色分类、团队成员角色区分的流程和方法、团队成员角色界定要点。通过要点分析、案例练习，了解团队成员角色区分的要求，掌握团队成员角色区分的方法和要点。

【正文】

一、团队成员角色区分的意义

做好成员角色定位工作，对提高团队整体运作效率有着非常重要的意义。《西游记》中大家耳熟能详的唐僧、孙悟空、猪八戒、沙和尚性格各异、兴趣不同，但他们能够成就西天取经的伟业。成功的关键在于四个人分别扮演了不同的角色，承担了不同的职责，彼此之间形成了有效互补，产生了强大的团队功能。唐僧发挥着凝聚力作用，孙悟空起着创新和推动作用，猪八戒起着监督作用，沙和尚起着协调和实干作用，尽管也有分歧和矛盾，但他们有着共同的目标和信念，在关键时候能够相互理解、团结一致，最终形成了一个有力量的团队。

实际情况就是如此，当团队成员一旦出现角色模糊、角色超载、职责不明、职责混乱等情况，实践中就容易产生互相推诿、不负责任等现象，给团队带来消极影响，降低工作效率。所以，任何团队要想成功达到既定目标，都必须根据自身特点事先对成员进行角色安排，使他们在明确任务基础上，还能明确自己的身份、权力和责任，做到各负其责，协调行动，进而实现团队绩效最大化。

案例学习：记住角色。

一天晚上，皇宫里举行盛大宴会，女王维多利亚忙于接见王孙贵族，却把自己的丈夫阿尔信托冷落在一边，他很生气，就悄悄地回到了卧室。不一会儿，女王来敲门，阿尔信托冷淡地问："谁？"她傲然答道："卧室女王"，门没有打开。女王又敲了几下门，阿尔信托又问："谁？"这次她和气地答道："维多利亚"，可是门依然紧闭。女王气急了，想不到我以女王之尊，竟然敲不开一扇门，她带着愤怒的心情走开了。走了一半，想想还得回去，于是又去重新敲门，这次她心平气和地回答说："是你的妻子"，结果门很快就打开了。

学习感悟：在婚姻生活中，女王尚且不可忘记自己的角色：妻子。团队也是如此，只有成员的角色清晰、稳定、到位，实践中表现出各自的特色，尽到各自的职责，完成各自的任务，并彼此之间形成互补，才能保证团队高效工作、健康发展。

二、团队成员角色的类型

一个有效合作的团队，主要由实干者、协调者、推进者、创新者、监督者、凝聚者六类角色成员构成，他们凭借自己的专长和优势，为团队发挥着各种作用，形成团队特有的人才功能。团队角色构成，如图 TYBZ03601005-1 所示。

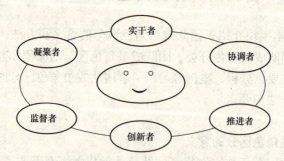

图 TYBZ03601005-1 团队角色构成

1. 实干者角色

实干者务实可靠、遵守纪律、讲求效率，能按上级的意图兢兢业业、踏踏实实地把事情做好，对团队发展起到标杆作用。责任感强是他的特点，但缺乏灵活性，对新生事物存有一种本能的抗拒心理。

2. 协调者角色

协调者沉着、冷静、遇事不慌、待人公平，善于运用综合信息和技巧协调各种错综复杂的关系，能够引导不同技能和个性的人朝着共同的目标努力，对团队发展起到领导作用。善于控制是他的特点，但有时会将团队努力的成果归于自己。

3. 推进者角色

推进者富有激情、思维敏捷、直面困难、执行力强，有高度的工作热情和成就感，能从多方面考虑解决问题的方法，对团队发展起到开拓作用。自觉工作、善于挑战、追寻结果是他的特点，但做事不够耐心，对人不够宽容。

4. 创新者角色

创新者思路开阔、见解独到，富有想象力，考虑问题不拘一格，常常冒出一些出人意料的"点子"，对团队发展起到发明作用。善于提出新的观点和思路是他的特点，但往往不注意工作细节和计划，不重视配合他人一道工作。

5. 监督者角色

监督者头脑清醒、言行谨慎、客观理智，善于分析和评价，注意综合各方面因素、权衡利弊后选择方案，对团队发展起到控制作用。冷静思考、科学判断、公正评价、善于批判是他的特点，但难以与他人和睦相处。

6. 凝聚者角色

凝聚者性情温和、和善友好，合作性强，擅长日常生活中的人际交往，善解人意、关心他人、处事灵活，对团队发展起到平衡作用。平易近人、亲和力强、团结伙伴是他的特点，但优柔寡断，不愿承担压力。

应该指出，每个角色都是优缺点共存，角色本身并无好坏之分，关键在于角色倾向与工作需要的有机结合。前面阐述的六种类型角色，并不意味着要有六个这样的人，而是指团队所有成员组合在一起时，总体上看必须具备上述的六种角色倾向。在一个团队里，每个成员通常会根据自己的个性和能力优势扮演不同的角色，有可能同时扮演两种或以上角色。

三、区分成员角色的基本流程

1. 选择

根据团队的性质、特点和目标以及角色类型要求，人们应该重视三个方面问题：一是考虑角色权重，根据团队使命和承担的任务，要明确哪些角色对团队建设和发展更为重要，应该重点考虑；二是考虑角色人选，从性格、技能、专长、兴趣、爱好等方面有的放矢地确定人员构成，成员人数一般以5～15名为宜，特殊需要时可适当放宽人数限制；三是考虑角色够用，所选人员都应该出自团队角色需要，不选无需要的人。

2. 分配

将六类角色在所选成员中进行分配，主要解决成员与角色的对应问题。分配角色应该注意以下问题：一要进行角色界定，谁充当什么角色，谁充当哪几种角色；二要进行责任界定，要把角色与责任统一起来，让成员在明确角色的同时，必须明确自己所负的责任；三要进行关系界定，要明确成员之间的角色交叉、重叠、互补等关系，以防止出现责任真空。角色分配，应该以会议形式公布。

3. 评价

角色分配后，还应该在小范围内进行分析评价，重点解决三个问题：一是分析角色配置的合理性，使需要与用人、人才与被用实现最大限度统一；二是分析角色配置的均衡性，看该加强的方面是否考虑了角色权重，其他方面是否存在多余的角色，团队角色覆盖是否充分；三是分析角色配置的可行性，即角色之间是否存在工作上的逻辑关系，他们工作起来可能还存在哪些障碍，这些都是需要事先弄清楚的。

4. 认可

本环节主要是广泛听取成员对团队角色分配的意见和建议，重点注意并解决两个方面问题：一是看成员对团队角色总体分配情况及思路了解多少，若存在不知道、不了解、不清楚等情况，应该及时对他们进行说明和解释；二是了解成员对合作角色的看法和建议，即工作中有角色交叉和互补时，彼此对对方的感觉、评价和建议，看成员能否认可对方并配合工作，若存在疑义，应该及时进行疏导。

5. 调整

在履行以上四个环节的流程之后，对存在不合适、不称职、不和谐或需要加强的角色进行再次调整，以保证团队整体运作协调、有序和高效。

应该指出，个体角色定位既要讲究其相对稳定性，又要赋予它必要的灵活性。一般而言，成员的角色在团队是相对稳定的，但是，由于工作性质的变化、具体任务的调整、团队成员的异动等原因，团队角色配置应该实时进行调整，以动态平衡增强团队的应对能力。

四、清晰成员角色、明确职责要点

角色分配后，还应从以下四个方面让成员明确自己的身份和责任，在实践中展示自己的才华、发挥角色效能。

1. 角色认同

角色认同包括两层含义：首先是个体对自己的角色认同，特别是对某一角色不满意或自己感到委屈时，要从大局着眼，使个体服从整体需要；其次是成员对彼此之间的角色认同，在弄清楚各种角色工作联系、衔接关系基础上，加强对事业伙伴的认同，把其他角色当作自我实现的条件。

2. 由衷承诺

承诺应该体现在三个方面：首先是对团队使命的承诺，即个体承担的部分一定要履行；其次是对团队目标的承诺，即个体追求的东西一定不放弃；最后是对角色的承诺，即个体的角色价值一定要体现。

3. 组织约束

就是要求每个人认真填写职责表，把自己的角色、任务和责任以文字形式保留下来。一方面为了减少个体行为的随意性，防止工作中模棱两可、张推李往、浪费资源等内耗现象发生；另一方面便于工作检查和考核，以保证各角色落实到位。

4. 自我反省

就是要求每位成员学会内省内悟，从团队对角色的期望、个人履行职责情况、合作共事效果、工作绩效等方面进行反思，从中找出自己的得失和成败，探寻新的工作思路。

【思考与练习】

1. 描述团队成员角色类型及其优缺点。

2. 试析自身角色类型倾向。

3. 如何进行成员角色定位？为什么？

模块 6　团队发展的各个阶段（TYBZ03601006）

【模块描述】本模块介绍了团队发展各个阶段的表现形式和特征，包含团队组建、动荡、规范、高产、休整五个发展阶段。通过要点分析、案例练习，熟悉团队发展阶段的表现形式和特征，加深对团队发展阶段的认识和理解。

【正文】

一、团队发展的第一阶段——组建期

1. 组建期的特点

群体目的、结构、领导等都不确定，领导者需要从多种可能中抉择未来的团队发展方向，成员各自摸索群体可以接受的行为规范。

2. 组建期的任务

一要构建团队结构框架。把团队任务、目标、角色、规模、领导、规范等作为组建要素，按照逻辑联系和系统相关原则形成组织架构。

二要建立团队与外界的初步联系。把上级组织和相关单位作为联系对象，建立起必要的联系关系，以得到应有的信息交换和工作支持。

三要建立成员之间的初步联系。把团队成员作为工作对象，以愿景的感召力引导他们分享目标，鼓励他们相互接触、彼此了解、增进友谊，形成合作共事的倾向和友好往来的关系。

当成员开始把自己看作团队的一员时，组建期便结束。

游戏学习：认识你真好。

在组建团队的初期不妨举办这样的活动，名称为"认识你真好"。这个活动可以促使团队成员加快彼此认识和了解，初步建立一种比较融洽的气氛，为以后团队精神培养、合作气氛营造奠定基础。活动分成以下五个步骤：

第一步，将团队分成多个小组，每组最多不超过5位成员，交叉进行练习。

第二步，每位成员介绍自己具有代表性的三件事情，其中有两件事情是真实的，一件是虚构的。例如，我曾经做过两年的培训经理；18岁以前一直生活贫困，这段经历对我以后的工作很有帮助等。请大家猜测一下是否真实？

第三步，由其他成员猜测，到底哪件事是真实的，哪一个是假的，并说出理由。

第四步，由陈述者依次给出答案。

第五步，提供足够的时间，使大家相互认识。除了这三件事之外，还可以就广泛的问题进行沟通，以便加深彼此的了解。

二、团队发展的第二阶段——动荡期

1. 动荡期的特点

成员之间的冲突开始加剧，人际关系变得紧张，彼此猜疑和不满，开始把问题归结于领导者，对领导者产生不满情绪。因此，成员更多地把注意力放在人际关系上。

导致团队动荡的原因：一是成员可能来自不同的部门或单位，他们的背景差异容易引起观念冲突；二是成员对任务、分工等理解不同，可能引起关系冲突；三是成员对团队领导保持着矜持心理，双方在工作目标、习惯、方式等理解上会存在一定差异；四是当团队运用新技术改善绩效时，成员会觉得工作节拍过快，不可避免地会感到新技术的压力；五是团队的制度、规定、办法等，需要成员用时间来适应，他们往往会把适应新规范当作对自己的挑战。

2. 动荡期的任务

要使团队平稳地走过动荡期，领导者应采取下列措施：

一要重视安抚人心，处理好各种人际冲突。领导者应认识并能够处理各种矛盾和冲突，同时要注意方法，不能以权压人；应鼓励团队成员对有争议的问题发表自己的看法，积极进行有效沟通。

二要建立成员认同的工作规范。领导者应以身作则践行规范，用行动让成员知道该做什么或该如何做，因为处于这个时期的团队成员不太清楚领导者所要求的行为准则。

三要适度放权。领导者在培养成员工作能力、管理能力、责任能力基础上，应鼓励他们参与议事和决策，有意识地放权，让他们担负起更多的职责。

当成员开始逐步理解和认同团队的各项制度，并把自己的注意力转移到工作目标上时，动荡期便结束。

游戏学习：幻想的团队名片。

（1）要求每位成员花几分钟的时间幻想一下自己理想中的团队应该是什么样子？他们期望在团队中担任什么样的工作和职责？团队领导者应采用什么样的领导风格？团队成员应具有怎样的工作技能和合作心态？然后做成一张幻想的团队名片。

（2）要求志愿者随机抽取参加者，读出自己的幻想名片的内容，然后解释一些关于名片的原委。

（3）利用每次机会与性格外向的参加者开些无关紧要的玩笑，用赞许的评价来鼓励内向性格的成员，支持他们的选择。

（4）本活动帮助人们从团队成员中收集各种意见，并洞察成员的想法。

三、团队发展的第三阶段——规范期

1. 规范期的特点

成员间沟通更加频繁和有效，相互信任加强；团队形成了新的合作方式和规则，成员把注意力转移到团队任务和目标上来；建立了工作规范和流程，成员的技能水平开始提升，新的技术逐渐被掌握，团队特色逐渐体现；成员开始喜欢自己的团队，他们的归属感越来越强。

规范期是形成团队文化的重要时期。

2. 规范期的任务

要使团队顺利通过规范期，领导者应采取下列措施：

一要鼓励团队成员多沟通，求同存异；

二要增强成员的责任心和权威性，帮助他们放弃沉默；

三要充分运用成员的知识、技能和经验，给予他们新的挑战，以提高彼此信任度；

四要率先垂范、模范带头，积极与团队成员协力合作。

当团队结构稳定下来，成员对什么是正确的行为达成基本共识时，规范期便结束。

四、团队发展的第四阶段——高产期

1. 高产期的特点

成员的工作信心大增，学习力普遍增强，可以协同解决各种问题；团队用规范的流程和方式进行沟通，能有效化解冲突、分配资源；成员可自由分享观点和信息，并享有一定的领导权；团队处于巅峰期，团队文化形成并发挥作用，成员更加主动

工作，当完成一项任务后，他们会有一种共同的成就感和荣誉感。

2. 高产期的任务

对于一个高绩效团队来说，当然是维持得越久越好。为此，团队领导应该积极做好以下建设性工作：

一要积极推动变革，及时更新工作方法和业务流程；

二要转变领导角色，使自己成为团队的指导员和教练员，以人格魅力感染成员；

三要鼓励成员创新，对具有挑战性的目标，尽量依靠成员的承诺来实现；

四要科学监控工作进展，既要考量计划的实现情况，又要公平对待个人的贡献，更要赞赏团队整体取得的成就。

当团队完成既定任务且绩效水平达到巅峰时，高产期便结束。

游戏学习：我赢了。

一是，让团队某位成员向大家讲述"我赢了"的一件事（包括赢得奖品、奖励、尊重、友谊、时间、成就等）。

二是，对讲述不清晰的地方进行提问，以便大家清楚的理解。

三是，鼓励其他人照做。

四是，友好轻松地鼓励羞涩的人，与性格外向的人互开玩笑。

五是，每位成员讲述完之后，让参加者赞赏他们的成就，给 10 秒钟掌声作为鼓励。

本活动用于肯定高产期团队成员的各种贡献。

五、团队发展的第五阶段——休整期

高产期团队运行到一定阶段并实现了自身的目标后，便进入到休整期。此时的特点随着结局的不同而不同。在休整期，团队往往有以下几种可能的结局：

一是团队解散。伴随着团队任务的完成，团队也随之解散。此时成员的反应差异很大，有的人很悲观，因为大家组合在一起，彼此间都形成了很好的印象，共同分担了失败的痛苦，却不得不面临解散；也有些人会很乐观，他们认为已经完成了既定任务，还将有新的目标等待去实现。

二是团队休整。团队的前期任务刚完成，后续任务接踵而来。此时，团队将进行短暂休整，便进入下一个工作周期。期间，可能会有团队成员更替，即有新成员加入或老成员退出。

三是团队整顿。对于表现不如人意的团队，进入休整期后可能会被勒令整顿，整顿的一个重要内容就是优化团队规范。在这里，皮尔尼克提出的"规范分析法"值得人们借鉴。

首先，明确团队已经形成的规范，尤其是那些起消极作用的规范，如强人领导而非共同领导、个别负责而非团队负责、彼此攻击而非互相支持等。

其次，听取各方面对这些规范提出的改革意见，经过充分的民主讨论，制订系统的改革方案，包括责任、信息交流、反馈、奖励、招收新成员等。

最后，对改革措施实行跟踪评价，并作必要的调整。

应该指出，对团队发展阶段进行划分的目的，在于明确团队成长经历，并根据其成长规律有针对性地进行控制、调整和完善，使团队成长更快更好，更能满足上级组织的需要。

【思考与练习】

1. 简要描述团队发展的五个阶段。
2. 试分述团队发展五个阶段的时间长度取决因素。
3. 第一至四个阶段团队的特点各有哪些？

模块 7　团队建设的原则（TYBZ03601007）

【模块描述】本模块介绍了团队建设的原则，包含团队建设的障碍、团队建设的途径、建设优秀团队应遵循的"5W1H"原则。通过要点分析、案例练习，熟悉团队建设的原则，掌握团队建设的方法。

【正文】

一、团队建设的障碍

团队建设的障碍，是指团队在组建过程及后续发展阶段中，影响其和谐发展的来自内部与外部的阻力。

1. 来自团队结构的阻力

一是管理模式影响。传统的管理模式强调的是上令下行，下级只是机械地执行上级的指令，这将在一定程度上影响团队的活力，制约着团队的应变能力，阻碍团队发展。

二是工作方式影响。传统观点认为，用制度管人能够做到中规中矩，保持团队稳定可靠。但是，过于夸大制度的作用，会使团队笼罩在一片僵化、刻板、教条式的氛围之中，在一定程度上遏制成员的创造热情。

三是信息阻滞影响。传统组织缺少上下级及平级之间的信息沟通与交流，信息不畅影响着团队的执行效率和工作质量。

四是责任壁垒影响。团队成员都有明确的职责界定，如果每位成员都以职责为由各自为政，在职责之间形成无形的壁垒，一旦出现问题就会相互指责、埋怨，推卸责任，不仅影响工作质量，而且还影响群体情绪和士气。团队既要明确成员的工作职责，又要打破人为的责任壁垒，积极探索分工合作、顾此及彼、职责融通的责任模式。

2. 来自团队管理的阻力

一是领导专断。主要指团队领导沿用过时的集权管理模式，将所有权力集于一身，害怕成员拥有权力，这种管理方式只能给领导者带来更多的烦恼，让成员丧失更多的积极因子，使之成为团队发展的桎梏。

二是目标不清。目标含糊不清，道路指示不明，不仅有碍成员理解和把握，而且还将导致团队行动混乱、内耗增加、前行受阻。

三是配置失衡。这里的配置指包括人力资源在内的各种资源组合，配置失衡指资源组合失去了科学的数量、质量搭配关系。从某种意义上讲，团队讲究的就是组合学，以对资源的科学、合理、灵活配置，实现其整体功能最大化。一旦配置失衡，不仅浪费有限的资源，降低团队功能，而且还会助长消极情趣，形成团队发展的阻力。

四是工作失范。这里指团队不能正常发挥规范的作用，它包括两种情况：一种是规范不健全，没有建立符合团队需要的规范体系，有许多方面还不能得到应有的覆盖；另一种是仅有的规范不能被成员理解和认同，在实践中不能有效地发挥规范作用。

五是培训缺少。指领导者更多地把眼光局限在完成任务指标上，每天让成员满负荷地投入工作，无暇顾及他们的学习和提高；团队没有长远的人才培养计划，不能组织他们进行有效培训，导致团队功能萎缩。

3. 来自团队成员的阻力

一是利益冲突。当成员在团队利益问题上达成共识之前，他们更多地关注自己的既得利益，一旦个人利益与他人利益、个人利益与小团体利益、小团体利益与团队整体利益发生冲突时，就会把个人利益或小团体利益摆在前面，这就容易产生情绪、矛盾和摩擦，增加团队的内耗和阻力。

二是思想狭隘。思想狭隘主要体现在三个方面：首先以权力为中心思考问题，谁的权力大，谁的地位高，谁的背景好，就按照谁的主张办事。其次以自我为中心思考问题，倾向按照自己的想法和需要办事，自我表现和自我利益成为自己的行为标准，实践中容易表现为狂妄地扩张者。再次以经验为中心思考问题，习惯按照自己的经验办事，即使这些经验已经过时，也死守不放，拒绝接收新的思想、理念和方法，实践中容易表现为固执地守旧者。

三是责任缺失。在团队过渡到规范阶段前，成员将感受到各种压力，特别对责任压力会更加敏感，他们害怕因自己的责任履行不到位，影响团队目标实现，从而选择尽量减少承担任务；同时，有的成员担心与其他成员一道工作时，会因性格、观念等差异产生新的冲突，使自己的责任更大，从而选择尽量减少与他人合作。这种消极情绪蔓延，必将带来团队整体责任缺失，成为团队发展的障碍。

应该指出，在团队组建和发展进程中，不可避免地会出现一些障碍，人们应该给予高度重视，积极从团队发展规律和工作需要的角度出发，大力探索解决之道。

二、团队建设的途径

如何进行团队建设，是团队领导关心的重要问题，也是各路人士着力研究的重要课题。关于团队建设方法的文献甚多，本模块将从团队功能角度，主要对人际关系途径、角色界定途径、价值观途径和任务导向途径进行介绍。

1. 人际关系途经

梅奥（George E.mayo）的一项实验表明：影响工人生产效率的因素不是工作条件，而是工人自身。参加实验的工人发现自己被人注意了，这在心理上给工人暗示的信息就是：他被人"关注着"，他是一个重要的存在，正是这种强烈的存在感导致了劳动生产效率的提高。在决定工人劳动生产效率的多种因素中，工人在组织内接受的融洽性和安全感比一些物质奖励更加重要。他们的行为不单纯是为了追求金钱，还有社会方面的、心理方面的需要。因此，这一途径的核心，就是要努力增进成员间的了解与交流，通过改善人际关系，满足个体心理需求，达到发展团队的目的。

2. 角色定义途径

角色定义途径，就是将成员的角色和角色期望进行归类。其方法是，让每位成员列出自己需要其他成员所做的事情，并将其分为三类：一是其他成员应该做的或者能够做得更好的事情；二是自己应该减少或者不愿意干的事情；三是需要自己继续做下去的事情。然后，让这些成员两两一组讨论他们列出的事情清单，并且相互之间达成协议，即"如果你做这个，那么我就做那个"。最后，协议还应以书面形式写下来，并由双方签名达成共识。如果有一方不能做到承诺的部分，则另一方就可以自由地退出协议，不受其约束。

这种团队构建方法以诚实和公正为基础，其核心是通过角色分类和协议约束，让每位成员做到：只要承担一种角色，就应该具备相应的能力，履行必要的职责，在角色引导下实现团队发展。

3. 价值观途径

团队构建的核心是成员关于工作价值观的达成。因此，要树立清晰可行的团队目标、价值观和指导方针；要认真组织成员学习，让他们在充分理解的基础上，不断提高自己的认同程度；要开展成员间互动交流，让他们的思想在碰撞和启发中得到升华，进而增强其团队价值倾向，在共有的价值观牵引下追求团队发展。

4. 任务导向途径

以任务为导向的途径，强调团队执行任务的重要性和挑战性。遵循这一途径，就是让成员期望团队执行的任务是至高无上的，把达成工作目标当作最重要的事情和最高的追求，其核心就是要按技能搭配关系选拔合适的成员，明确个人利益与团队利益关系，明确任务要求和行为准则，明确考核、评价、奖励等措施和手段，让成员在执行任务的同时，更自主地追求团队和个人的双元发展。

实践中，尽管团队各有不同，所遇到的障碍也不一样，但是，人们倾向采用综合途径建设团队，这种多头齐发、衔接有序的做法，更有利团队健康发展。

三、建设优秀团队应遵循的原则

为便于有效推动团队进阶，由一般团队上升为优秀团队，人们将从团队建设的基本原则入手，进而介绍优秀团队建设的原则。

1. 团队建设的"八项"基本原则

基本原则，具有普遍实用性，即所有团队建设都应该遵循的原则。

（1）系统性原则。

要用系统思想指导团队建设工作，把拟建团队作为一个完整的系统，明确其构成要素（人、财、物等）及其彼此之间的各种关系，外围环境及其变化的影响。遵循这一原则的关键，是要通过对各种要素的有机组合，使其在动态环境的影响下，保证有强大的输出功能。

（2）实事求是原则。

任何团队都是根据某种需要而组建的，有其特殊的使命、任务、成分和要求。因此，团队建设的理念、途径、方法、机制等，都必须根据本团队实际产生，在实践中追求它的真谛。遵循这一原则的关键，就是要针对实际、建立思想、探寻规律，以特有的思路和方法，形成属于自己的独特形式。

（3）循序渐进原则。

团队建设不可能一蹴而就，其成长中时刻都会碰到障碍和阻力，这就决定了它是曲折前进、渐进发展的。遵循这一原则的关键，就是要按照规律办事，把曲折性与前进性统一起来，把渐进性与发展性统一起来，在实践中不断解决问题，不断推动团队发展。

（4）榜样示范原则。

这是针对团队领导提出的原则。遵循这一原则的关键，就是要求领导者不要把自己当作局外人，应该融入普通成员之中，事事时时处处做到率先垂范。

（5）允许犯错原则。

这是一个条件性原则。领导者要为成员提供宽松的工作环境和条件，鼓励他们承担任务和责任，大胆将个人假设运用于实践。当成员第一次出现工作失误后，不要全盘否定，更不要因一次失误武断地下结论，而应该耐心地帮助他们分析原因所在，提醒他们如何防止同类错误再次发生，鼓励他们再次充满信心地投入工作之中，让他们在挫折中学习、成长和进步。遵循这一原则的关键，就是要鼓励成员大胆尝试，善于吸取教训，从失败中探寻成功的道路。

（6）优劣互补原则。

在团队，每位成员都有其优势和劣势，而团队讲究的是组合效应。因此，当成员被选定后，领导者的眼光不要只盯在个体的优势上，要思考强弱搭配后可能产生的种种新能力，同时主动找出团队存在的薄弱环节，积极形成优劣互补的人力资源配置方案，以组合力量去赢得高绩效。遵循这一原则的关键，就是在充分了解成员基础上，积极做到以长补短、有机搭配，以人力资源的最佳组合提升团队整体功能。

（7）和谐沟通原则。

良好的沟通对团队建设非常重要，特别是团队建设初期。要解决这些问题，除了制度力量外，更重要的是依靠成员间的沟通和磨合，以此达成共识、形成默契。所以，团队领导要善于创造沟通氛围，提供沟通平台和机会，鼓励成员讲出自己的看法，在消除误解的基础上，达到理解一致、行动一致。遵循这一原则的关键，就是要求包括领导者在内的所有成员，能够做到敞开心扉，公开讲出自己的观点和看法，主动消除彼此之间的误会，形成轻松友好的沟通环境。

（8）以人为本原则。

以人为本，首先要尊重人，让每位成员享有平等的人格尊重权，得到公正的机会和待遇，使他们自在、顺心地工作；其次要重视人的发展，领导者在谋求团队事业的同时，要将成员的职业计划纳入议事日程，努力实现团队与个人双元发展；最后要相信成员的首创精神，鼓励他们运用智慧和技能，将自己的假设和经验应用到工作之中，充分展示自己的价值。遵循这一原则的关键，就是要求领导者尊重人、关心人、相信人、使用人，让成员做到自在工作、自觉创新。

2. 建设优秀团队的"5W1H"原则

（1）Who—我们是谁。

团队成员必须正确认识自我，端正工作态度，明确自身的优势和劣势，了解自己在处理问题的方式、价值观等方面与他人的差异，通过对自身情况的客观分析，在团队成员之间形成共同的信念和目标，建立起团队运作的游戏规则。

（2）Where—我们在哪里。

每一个团队都有自己的优势和劣势，通过分析团队所处的环境来评估团队的综合能力，找准团队的位置，评价团队现状与目标之间的差距，以明确团队应该如何发挥优势、回避威胁、迎接挑战。

（3）What—我们能做什么。

每位成员都应该以团队目标为导向，明确团队的行动方向、行动计划以及自己的具体目标和任务，从而能够焕发激情，做好充分准备，积极迎接每一阶段的挑战，逐步实现团队的整体目标。

（4）When—我们何时行动。

在恰当的时候采取适当的行动，是团队成功的关键。当团队遇到困难或阻碍时，应把握好时机，审时度势地积极应对；当团队面对内外矛盾冲突时，应找准关键点，因势利导地化解消极影响。

（5）Why—我们因为什么而行动。

在团队建设过程中，很多成员容易忽视这一问题，这也是导致团队运行效率低下的一个原因。团队要保证高效率运作，必须让所有成员清楚团队成败对他们的影响是什么，以增强成员的责任感和使命感。

（6）How—我们如何行动。

怎样行动涉及团队的运行问题，即团队内部成员如何分工、不同角色的成员承担的职责、履行的义务等。同时，每位成员还应该明确自己肩负的具体任务，以贴切的工作方法和科学的工作标准保证任务圆满完成。

团队建设的"八项"基本原则和建设优秀团队的"5W1H"原则，都是团队在建设过程中应该遵循的，它既是团队建设不同阶段的工作原则，又是团队成熟程度的评判标准，所不同的是：前者侧重功能建设，后者更加重视成员修炼基础上的行动导向。

【思考与练习】

1. 综合分析团队建设的阻力。
2. 结合团队建设的第三种途径阐述其实践意义。
3. 简述坚持八项基本原则的意义。
4. 分述坚持 5W1H 原则的意义。

国家电网公司
生产技能人员职业能力培训通用教材

第二章 团队的合作与信任

模块 1 团队合作的意义（TYBZ03602001）

【模块描述】本模块介绍了团队合作的意义，包含生存和成功、提高绩效和持续发展等方面。通过要点分析、案例练习，明确团队合作的重要性。

【正文】

善于合作是一个人、一个团队乃至一个企业的核心竞争力之所在。对一个人而言，只有合作才能生存，才能成功；对一个团队而言，只有合作才能放大绩效，实现可持续发展。

一、合作才能生存

1. 从个体与群体的关系而言，只有合作才能立足

世上没有真正的世外桃源，任何人都不可能是孤立的，人总是生活在一定的社会组织和群体中。从某种意义上讲，合作既是人类的一种高尚品质，又是人类生存的法则。人类的社会性决定了人与人之间必须依靠相互间的合作才能生存和发展。一个唯我独尊、不懂合作的人，在高度组织化、协约化的社会中将越来越难以立足，最终必然会被社会、团队和他人所抛弃。

2. 从个人与他人的关系而言，只有合作才能共存

人们生存在一个充满变数、充满竞争的年代，生存似乎变得越来越艰难。然而正是如此，人们才更需要与他人合作。最能有效地运用合作法则的人将生存得更久。单打独斗、尔虞我诈的无序竞争年代即将过去，你中有我、我中有你的合作竞争时代已经来临。不正视这一现实、不遵守"双赢和多赢"的新游戏规则，继续玩"零和游戏"，最终被淘汰出局的将是自己。

职场中有这样一些"事不关己，高高挂起"的人。他们奉行"各人自扫门前雪，不管他人瓦上霜"的消极处世哲学，以"分工"为名，逃避合作，狭窄地界定自己的工作范围，遇事"我"字当头，一味专注于自己"分内"的事，而对于那些"分外"的事则不管不问。一旦接到看似"分外"的任务，就推三阻四，冠冕堂皇地以不属于自己的工作范围为由加以搪塞或拒绝。像这种斤斤计较，心胸狭窄，只关注

"我自己"，而不关注"他人"，把自己与他人割裂开来的人，其做法无异于自断根脉，在职场绝对难有大的作为。

佛教创始人释迦牟尼曾问他的弟子："一滴水怎样才能不干涸？"弟子们面面相觑，无法应对。释迦牟尼说："把它放到大海里！"

企业好比是大海，每位员工要在企业里像水一样相互依托，溶解在一起，为企业的不断发展壮大同心协力作出贡献，而不要做其中被蒸发掉的那一滴水；同时，只有合作才能为自己赢得生存空间，拓宽职业生涯发展道路。

二、合作才能成功

1. 社会发展呼唤合作

在农业经济和工业经济时代，个人的能力和智慧也许显得十分突出，人们追捧的目光往往聚焦在那些叱咤风云的救世主式人物身上。但现在情况已经发生了根本的改变，在以科技分工为主导的知识、经济、信息时代，任何人都不可能成为百科全书式的全才。靠单打独斗的方式，凭一己之力包打天下者，是绝对不会成功的。现代社会已不再是江湖独行侠的时代，而是一个高度专业化和复杂化的社会。新世纪的成功之路绝不会比以往的路好走。一个不懂合作的人，是无法走进成功殿堂的。

俗话说得好："三个臭皮匠胜过诸葛亮。"只有善于合作，运用合力，才有走向成功的强大力量。任何时代、任何英雄的业绩都不是由一个人创造的，而是一个团队共同努力的结果。

2. 科技进步需要合作

英国心理学家凯普勒做过一项研究，实验对象都是智商很高的工程师和科学家，结果发现他们之中有的人出类拔萃，成果卓著；有的人却庸庸碌碌，无所作为。究其原因，就在于那些有突出成就的人懂得合作，这是他们成功的杀手锏。

的确如此，现代社会科技高度发达，专业分工愈来愈细，任何人都已经不可能在某个领域完全靠孤军奋战取得很大的成就。也许，登上领奖台上的会是某一个人，但人们绝不能忽视站在他身后的团队成员。没有团队成员的鼎力相助，不与伙伴通力合作，即使是才华横溢的天才，所能取得的成就也将十分有限。

抱团打天下，是当今时代鲜明的特征。哪怕是最讲究个性的科学研究，也离不开合作。以前，科学家独自一个人在实验室里潜心工作，就可能发明不少新技术。但现在，所有重大的有突破性的科学成就，都是团队合作的成果。海森堡说："科学根源于交流，在不同的人合作之下，可能孕育出极为重要的科学成果。"据统计，诺贝尔获奖项目中，因协作获奖的占2/3以上。在诺贝尔奖设立的前25年，合作奖占42%；而现在则跃居80%，并且一直呈上升趋势。

3. 员工成材必须合作

作为一名普通员工，要在事业上有所建树，工作上有所成就，更是离不开合作。个人的成功，离不开团队的支撑；团队的胜利，凝集着每个成员的心血和汗水。一盘散沙，尽管它金黄发亮，却没有什么用处。如果建筑工人把它掺进水泥中，就能成为建造高楼大厦的预制板和墩柱；如果化工厂的工人把它凝结冷却，就会变成晶莹剔透的玻璃。单个人犹如沙粒，只有与人合作，才会起到意想不到的变化，变成一个有用之才。

杰克•韦尔奇说："帮助别人就是强大自己，帮助别人也就是帮助自己，别人得到的并非你自己失去的。"一个人的力量是有限的，有时甚至是渺小的，往往很难突破时间、环境的障碍。所以，必须与别人有效地合作，互相依托，才能站稳脚跟，取得成功。

三、合作才能放大绩效

1. 合作是整合团队力量的法宝

在团队，成员之间的合作不是力气的简单相加，其关系比较微妙、复杂。在人与人的共事中，假定每个人的工作绩效都为1，那么两个人的绩效可能比2大得多，也可能比1还小，甚至还小于0。就像几个人同划一条船一样，互相推动时自然事半功倍，相互抵触时则一事无成。只有合作，才能最省时省力、最高效地完成一项复杂的工作。

1+1=2，这是人人都知道的算术，可是用在人与人的有效合作上，所创造的业绩就不再是1+1=2，而是1+1>2，因为团队中的每一个成员，都有自己独特的一面，成员之间取长补短，互相合作所产生的合力，要远远大于成员各自为政时力量的简单叠加。当成员精诚合作时，就会自觉围绕共同方向调和个体力量，形成强大的协同效应，一些看似并不强大甚至是微不足道的力量，经过最佳排列组合后，就会创造出人们难以想象的奇迹。

2. 个体优秀并不代表团队优秀

遗憾的是，人们在日常工作和生活中，往往见到的并不是1+1>2的高绩效。

每年美国 NBA 篮球赛结束之后，都会从各个优胜队中挑选最优秀的球员，组成一支所谓"梦之队"前往各地比赛。但结果并非球迷们想象的那样所向披靡，而是常遭败绩。原因何在？原来这些球员虽然个个出类拔萃，但他们组成的队伍并非真正意义上的团队。由于他们平时并不在一起打球，而是分属不同的球队，所以缺乏团队协作，不能形成有效的团队出击。因此即使他们都是最顶尖的篮球明星，也不能发挥出最高水平。由此可见，如果没有团队合作，即使每位成员都是最优秀的，也无法拧成一股绳共同出力，成员之间不但无法形成合力，反而还会相互干扰以致无法发挥出个人的应有水平。

3. 合作决定团队整体绩效

综上所述，是否能够有效合作将决定一个团队的整体绩效：

当团队成员通力合作、智慧共享、发挥优势、取长补短时，1+1>2。

当团队成员各自为政、埋头苦干、相安无事、彬彬有礼时，1+1=2。

当团队成员彼此提防、怕担风险、貌合神离、推诿塞责时，0<1+1<2。

当团队成员积怨过多、矛盾升级、相互斗气、躺倒不干时，1+1=0。

当团队成员矛盾激化、你争我夺、钩心斗角、相互拆台时，1+1<0。

由此可见，合作是决定团队整体绩效的关键要素。

四、合作才能可持续发展

1. 缺乏合作的团队不能长久发展

一个人，没有他人的协助合作，仅靠个人的智慧和力量，尽管也能取得一定程度上的成功，但这种成功注定不能持久。

一个团体，一个企业也是这样。要实现可持续发展，就必须保持精诚合作、集思广益的良好状态，克服"功成名就"综合症。企业的可持续发展是一个螺旋形的图形，其箭头永远是指向更高、更远、更好，而没有团队合作的重大推力，将是难以企及的。

比尔·盖茨说："团队合作是企业成功的保证，忽视团队合作是无法取得成功的。"

在现实生活中，人们经常可以遇到这样的情形，有些企业在创业时几个人都能互相配合、鼎力相助，在没资金、没人才、没项目的困难条件下都能取得成功。可是当企业做大以后，个人英雄主义膨胀，认为自己无所不能，无视他人的优势和潜力，盲目扩张、恶性竞争，在有资金、有人才、项目的情况下，企业却垮了。原因何在？缺乏更高层次的合作心态和眼光。

诺贝尔经济学奖获得者莱因哈特·赛尔顿教授，有这样一个著名的理论：假设有一场比赛，参与者可以选择与对手是合作还是竞争，如果采取合作策略，可以像鸽子一样瓜分战利品，那么对手之间浪费时间和精力的争斗就不存在了；如果采取竞争策略，像老鹰一样互相争斗，那么胜利者往往只有一个，而且即使是获得胜利，也要被啄掉不少羽毛。对于企业而言，单纯的竞争是恶性竞争，只能导致内耗，使成长停滞；只有在竞争中合作，才能真正做到双赢，实现可持续发展。

在现代社会，越来越细的分工使得协作成为工作的必要形式。因为现代化的大生产，涉及面广，场地分散，分工精细，技术要求高，许多工业产品和工程建设往往涉及几十个、几百个甚至上千个企业，有些还涉及几个国家。如果没有合作，现代化大生产是根本无法推进的。

2. 合作是应对变化的决定性因素

在知识、经济、信息时代，企业或团队想要具备"独当一面"和"通吃"的能力既不现实也不可能。在很多情况下，企业或团队之间往往会自发地、强烈地要求形成一种同盟关系，通过优势互补、资源共享，与竞争对手建立一种利益共赢的竞争合作关系，共同适应外部环境的变化，谋求协调发展，稳步前进。

现代社会的竞争不再是你死我活地"争抢蛋糕"之战，而是考虑"如何将蛋糕做得更大"的问题。一味"争抢蛋糕"是目光短浅的行为，因为它只看到了现有市场，一家企业如果只盯着现有市场，恶性竞争就不可避免；而"考虑如何将蛋糕做大"则不同，它关注的是未来的、潜在的市场，关心的是开发新市场的需求，这种潜力是无限的。如果成功地将蛋糕做大，那就意味着所有参与合作的企业都将从中受益，甚至为行业带来新的发展契机，赢得更大的利润空间。团结就是力量，合作就有优势。一个企业，一个团队，应该更明智地处理竞争与合作的关系，在积极竞争的同时，将团结协作精神发扬光大，这样，事业才能日渐发展壮大，整体竞争实力才能真正得以提升。

案例学习：红杉的启示。

世界上现存的植物当中，最雄伟的当属美国加州的红杉，一般高度可达 80～90m，相当于 30 层楼的高度。一般说来，长得越高的植物它的根越深，以确保其不受风雨的侵袭而屹立。然而出人意料的是，加州红杉的根却只是散布在土地的浅层中。人们自然想到，红杉为何能长得如此高大呢？为何能抵挡风雨的侵袭呢？

研究发现，红杉是一大片连在一起生长，没有哪一棵红杉是独立长大的。这一大片红杉彼此的根紧密相连，一株接着一株，在地下结成巨大的网。自然界中再大的飓风，也无法撼动几千株根部紧密相连、占地超过上千公顷的红杉林。除非飓风强到足以将整块土地掀起，否则不可能有任何自然力量使红杉动摇分毫。

红杉的浅根，也正是它能长得如此高大的利器。它的根浮于地表，方便快速并大量地吸收赖以生长的水分和养料，使红杉得以快速成长壮大。同时，它也不需耗费能量，像一般植物那样扎下深根，它用扎深根的能量来向上成长。

学习感悟：每个人都渴望实现自己的人生目标，但是如果不善于借他人的帮助走向成功，不善于给需要帮助的人送去帮助，注定会处处碰壁。一个平凡的人要想取得非凡的成绩，也必须要依靠集体的力量。作为团队的一分子，必须牢牢团结在团队这片"树林"周围，我们个人才会茁壮地成长起来，才会拥有自己发挥的舞台。成功不能只靠自己的强大，成功需依靠他人的帮助，只有帮助更多人成功，你自己才能更成功。如红杉林根部相连，以充分而紧密的合作关系，创造出不可动摇的伟业。

【思考与练习】

1. 简述合作对个人和团队、企业的作用。

2. 你认为竞争与合作哪个更重要？

3. 红杉树带给你的启示是什么？

模块 2　有效合作的前提（TYBZ03602002）

【模块描述】本模块介绍了团队有效合作的前提，包含目标、规模、领导和沟通四个方面。通过要点分析、案例练习，领会团队有效合作的前提条件及其意义。

【正文】

一个团队要实现有效合作并不是一件容易的事，需要具备许多相关的要素。具体而言，在目标、结构、领导和沟通四个方面应该有比较稳定、厚实的支撑。

一、共同目标清晰、具体而坚定

共同目标是团队有效合作的核心动力。只有确立了共同的目标，才能避免分散精力和资源，使团队有限的人力、物力、财力、智力资源配置到最必要的地方，形成合力，去解决最关键、最迫切的问题。在工作中应有清晰、具体而坚定的目标导航，成员才能保持前行的方向和力度，团队才能产生无坚不摧的力量。

团队确立共同目标，应该遵循明确性、可衡量性、可实现性、关联性和时限性原则。

（1）明确性。要用具体的语言清楚地说明将要达到的行为标准，目标的工作量、完成日期、责任人、质量标准等必须是一定的、明确的。

（2）可衡量性。团队目标应该进行相应的量化，应该有一组明确的数据作为衡量目标是否实现的依据。

（3）可实现性。目标必须适中、可行，通过努力可以实现，是全体成员认同并发自内心地愿意接受的。

（4）关联性。团队的目标是为达到企业总目标服务的，必须体现多层次、多部门的目标之间的相互关联性，使其形成一个"相互支撑的目标矩阵"体系。在设置目标时，个人与组织的目标应保持一致、相对平衡，而且要与个体利益密切相关。

（5）时限性。团队目标表述必须有完成时间期限，明确规定起止时间。

清晰、具体而坚定的共同目标赋予团队一种高于团队成员个人总和的认同感。这种认同感为如何解决个人利益与团队利益的碰撞提供了有意义的标准，使团队中的每个成员都知道个人的坐标在哪儿，团队的坐标在哪儿，纵然遇到紧急情况、面临失败风险等情况，也能全身心地投入、统一思想、形成合力。

案例学习：步行比赛。

曾经有人做过这样一个实验：

组织 3 个小组，分别向 10km 外的 3 个村庄行进。

（1）甲组不知道去的村庄的地名，也不知道距离有多远，只告诉他们跟着向导走就是了。这个组刚走了 2～3km 时就有人叫苦了。越往后人的情绪越低，溃不成军。

（2）乙组知道去哪个村庄，也知道有多远，但是路边没有里程碑，大家只能凭经验估计大致需要走 2h。这个组走到一半时才有人叫苦，大多数人想知道他们已经走了多远了。比较有经验的人说："大概刚刚走了一半的路程。"于是大家又簇拥着向前走。当走到 3/4 的路程时，大家情绪低落，觉得疲惫不堪，而路程似乎还长着呢！而当有人说快到了时，大家又振作起来，加快了脚步。

（3）丙组最幸运。大家不仅知道所去的是哪个村子，它有多远，而且路边每千米有一块里程碑。人们一边走一边留心看里程碑。每看到一个里程碑，大家心里便有一阵阵的快乐。这个组的士气一直很高涨。走了 7～8km 以后，大家确实都有些累了，但他们不但没有叫苦，反而开始大声唱歌、说笑，以消除疲劳。最后的 2～3km，他们越走情绪越高，速度反而加快了。因为他们知道，那个要去的村子就在眼前了。

学习感悟：当人们的行动有着明确的目标，并且把自己的行动与目标不断地加以对照，清楚地知道自己行进的速度和不断缩小达到目标的距离时，人们行动的动力就会得到维持和加强，此时他们会自觉地克服一切困难，相互扶持、同心协力，努力达到目标。没有目标，团队成员的热忱便无的放矢，无处归依，最终只能是一盘散沙、溃不成军；有了目标，才有斗志，才能形成合力，才能凝聚团队精神，也才能开发每个成员的潜能。由此可见，一个清晰、具体而坚定的目标，对激发团队成员的积极性，对达成目标的质量，对团队精神的发挥有着多么重要的意义。

二、团队规模适中而搭配合理

（1）团队规模的大小是影响团队合作的结构性问题。真正能有效合作的团队究竟应该由多少人组成，这主要取决于团队的目标、任务以及团队成员的技术重叠水平。

团队成员太多，势必带来呈几何级数增长的沟通协调问题，成员的参与机会、成就满足感和团队的凝聚力都会下降，个人对团队及其目标的承诺也会减弱，同时，还有内部组成子群体的隐患，增加了潜在矛盾的可能性。

团队成员太少，可能会拖延工作进度，团队也难以集纳其所必需的全部技能，从而影响到它的高效正常运转。

因此，一个有效运转的团队规模在 3～15 人之间为宜。一般认为，15 人是团队内每位成员可以同时和其他成员进行相互交往、发生关联及作出反应的上限。

（2）团队结构设计的另外一个更重要的问题是成员的选择和搭配问题。一个团队的效能，在一定程度上取决于各个成员的个体素质，但更多地有赖于成员整体结构的合理。结构的残缺必然会影响团队的高效运转，能力的多余或不协调会增加内耗，个人性格气质单一化会使团队缺乏灵活性。

在一个团队中，需要有人出谋划策，有人制订计划，有人具体实施，有人协调不同的人共同完成工作，还有人去监督团队工作的进度，评价团队最终的贡献，不同的人既分工，又合作，同心协力共同来实现团队的目标。因此，在人员选择方面，一定要注意成员之间性格、学历、能力、年龄、特长等的合理搭配和组合。团队应该是一个在组合起来以后总体平衡的有机群体。团队中的每个成员都是能够满足特定需要而又不与其他角色重复的人。

一般来说，一个能有效合作的团队应该有实干者、协调者、推进者、创新者、监督者和凝聚者六种角色类型。这六种角色，每个角色都是优点缺点相伴相生。角色并无好坏之分，关键是要找到角色与工作的最佳契合点。有人这样描述各种角色在团队运作中的功用：当接受一项新的任务时，创新者首先提出创意，协调者开始运筹谁干什么最合适，监督者则会质疑其合理性和可行性，争执不下时，凝聚者会主动调和他们的关系，达成共识后，推进者会迅速行动，而实干者会兢兢业业地为完成任务尽心尽力。缺少实干者，团队将人浮于事；缺少协调者，团队将杂乱无章；缺少推进者，效率必然不高；缺少创新者，思维会受局限；缺少监督者，业绩会大起大落；缺少凝聚者，人际关系紧张。

一个团队要做到有效合作，每一种角色都很重要。一个人不可能完美，但团队可以完美。尊重并善加利用团队角色，才能收到取长补短的奇效。需要说明的是，说一个团队要具备六种角色类型，并不意味着要有 6 个这样的人，而是指团队所有成员组合在一起时，总体上看必须具备上述的六种角色倾向。在一个团队里，每个成员通常会根据自己的个性和能力优势扮演不同的角色，有可能同时扮演两种角色，并在团队里固定下来。团队合作力度的大小往往依赖于成员的角色行为水平的高低。因此，了解并匹配好团队成员的角色十分必要。

案例学习：攀岩比赛。

一次，联想公司和惠普公司各自组成运动队进行攀岩比赛。赛前，惠普运动队反复强调齐心协力，注意安全，共同完成任务；而联想运动队在一旁则没有做太多的士气鼓动工作，而是一直在合计着什么。比赛开始了，惠普运动队在全过程中屡次遭遇险情，尽管大家同心协力，排除险情，完成了任务，但因花费时间过长最终输给了联想运动队。那么，联想运动员在赛前究竟合计着什么呢？原来他们把队员个人的优势和劣势进行了精心的组合：第一个是动作机灵的小个子队员，第二个是一个高个子队员，女士和身体庞大的队员放在中间，殿后的当然是具有独立攀岩实力的队员。于是，他们几乎没有险情地迅速完成了任务。

学习感悟：团队在人员配置时，一定要注意成员的刚柔搭配、气质兼容、减少内耗、填补缺憾，使成员各扬其长、互补其短，从量变到质变，产生质的飞跃，产生一种合力，一种超过每个能力总和的新的合力。

三、核心领导善于倾听并有效决策

要使团队做到有效合作，团队核心领导的作用非同小可，必须练好民主和集中这两个方面的基本功，既要善于倾听，又要有效决策。

1. 发扬民主，善于倾听

作为一个团队的核心领导，在倾听团队成员的谈话时，可以发现团队成员存在的思想问题，及时了解成员的情绪、意见和建议，获得更多有价值的信息，从而化解矛盾，避免误会，可从以下六个方面入手：

（1）营造氛围，鼓励对方。

通过非语言行为，如眼神接触、某个放松的姿势、某种友好的脸部表情和适合对方的语调，营造出一种积极的谈话氛围，用自己的各种表现使对方感到自己备受重视，从而愿意说出心底的想法。在谈话过程中，上身略微前倾，视线频繁与讲话者保持接触，这样既表明自己的关注和有兴趣倾听，又能鼓励对方继续讲下去。

（2）主动回应，适当赞同。

在听取对方的谈话内容时作出相应的情绪反应，从而引导对方自在地表达自己的情感。赞成对方所说的话，可以轻轻地点点头，表示赞许。对谈话内容饶有兴趣，可以展现笑容，表示希望听下去。与谈话内容相对应的体态语的运用，会使对方备受鼓舞，从而增加谈话的效果。如果对方提到不幸的事情，应当显示出表示同情的表情；当对方说到眉飞色舞时，应有微笑等反应，以强化交流。

（3）完整听取，不强行打断。

为确保对方思路的连贯性，必须抑制自己想说话的欲望，成为一个专注的倾听者，真正去专心致志地听取对方所说的完整内容，这样才能把随意、肤浅的谈话引向深入和丰富，不要强行打断对方的话题，无论自己多么想把话题转移到其他方面，也要等待对方完全把话讲完，再顺势引入到一个新的交谈话题。

（4）使用口语，反馈信息。

使用简单的语句，如"哦"、"我明白"、"说得对"、"是的"或者"有意思"等，来认同对方的讲述。通过"请继续讲"、"说来听听"、"我们讨论讨论"、"我想听听你的看法"或者"你说的对我很有启发"等，来鼓励说话者阐述更多内容。

（5）适时提问，探明真相。

在交谈时适时提问，有助于弄清真相，找到问题的根本和实质。提问的方式应值得注意：一般情况下，应该提开放式问题，因为这类问题没有一个简单的答案，回答时没有固定的模式和限制，容易让对方充分、真实地表达自己的思想和感情；

相对而言的是封闭性问题，所提出的问题只有唯一的一个答案，不能表达更多的细节和信息。所以，提问时要多用开放式问题让对方表达，慎用封闭式问题逼对方表态。

（6）简要归纳，确认重点。

用自己的词汇将对方所说内容、事实进行解释或简单概括，这样在让对方知道自己对交谈的重视程度同时，又能检查自己对谈话内容的理解和重点的把握是否准确。当对方的语句比较长的时候，听后可以重复其中的某些内容，让对方确定自己是否听得很确切，或者重复一下对方信息中的重点词，表明自己正在用心理解其思路。

2. 适度集中，有效决策

在一个团队里，想要共同解决一些棘手的问题是相当困难的。因为团队成员过多地受到自己内心感受的羁绊，往往站在自身的立场看待问题，所以在思考的时候无法超越自己的行事方法，真正从团体的利益和角度出发。

如何做到群策群力，利用团队的资源产生创造性的构想和更为准确的行动方案，这就需要团队核心领导适度集中，有效决策。完善的决策流程通常需要把握好以下七个步骤：

（1）识别问题。

在很多情况下，决策不力往往是因为未能发现真正的问题。作为团队领导，不要一开始就聚焦于解决问题，而应当专注于发现问题。要想方设法引导团队的所有成员都摒弃偏见，表达出自己真实的想法和感觉，通过去伪存真、去粗取精，从而使真正的问题浮出水面。

要识别问题，就必须注意将现状与标准进行比较。标准是什么？它可以是过去取得过的成绩，也可以是预定的目标，或者是组织中其他部门或团队的绩效，决策的标准决定了问题的性质和大小。

（2）决策准备。

要搜集有价值的资讯。先评估自己已掌握哪些资讯，有哪些是不知道的或不清楚的，再确定自己要找什么样的资料。资讯必须有时效性、针对性，不是越多越好，有时候过多的资讯只会造成困扰，影响决策成功。

要明确问题的限定条件。一个团队不可能同时完成所有目标，往往是鱼和熊掌不可兼得，这就必须明确列出决策所要实现的目标，并对目标设定优先顺序，有所取舍。

（3）列出所有备选方案。

在对某项特定的解决方案进行评估之前，必须将所有的选择方案摆到桌面上进行分析比较。一般情况下，团队成员通常会专注于宣传自己的创意，而对他人的想法进行拦截；或者为了避免冲突而将好的创意藏于心中，降低了发现创造性解决方案的概率。所以，团队核心领导必须对新创意进行激励，邀请每一位成员积极提出自己的方案，在此基础上，列出所有可行的、值得进一步研究的备选方案。

（4）评估方案。

对各种备选方案的优劣势进行详细分析。依据先前所搜集到的客观资料作为评价的依据，仔细评判每一种方案的优缺点是什么，可能造成的正反面结果有哪些，是否符合设定的预期目标，同时，还要评估团队有无足够的资源与人力采取这项备选方案。

（5）选择正确方案。

从一系列备选方案中选择一个比较正确的方案。尽管选择一个方案看起来很简单，但实际上，作出正确的选择是很困难的。必须综合考虑成本、质量、效率、效果、风险、长期和短期利益及实施后的连锁反应等诸多因素，要统筹兼顾，要注意反对意见，要有决断的魄力。

应该选择"正确"的方案，而不是最能被大家接受的方案。在讨论的过程中，难免会有某种程度的妥协，但是必须分清楚正确的与错误的，团队领导不能因为害怕遭到指责或反对而选择一个大家都可接受但却是错误的方案。

（6）决策执行。

决策做好后一定要实施，不能转化为行动的决策最多只是一个良好的愿望而已。决策执行的程序，是要拟订一套详细的行动计划，包括：决策应传递给哪些人？应采取哪些行动？什么人具体承担这些行动责任？该如何应对可能遭遇的困难？……并按照 PDCA 循环落实执行。决策执行的关键，是要将行动的承诺纳入决策之中，否则便是"纸上谈兵"。

（7）评价决策效果。

在方案运行和实施过程中，要适时进行回顾评估。如果原先的问题依然存在，则可能说明所选的方案有问题或者是执行不力。评估决策效果将促使团队领导追寻前面的步骤，甚至可能需要重新开始整个决策过程。

案例学习：三个金人的故事。

曾经有个小国的人到中国来，进贡了三个一模一样的金人，金碧辉煌，把皇帝高兴坏了。可是这小国的人不厚道，同时出一道题目：这三个金人哪个最有价值？皇帝想了许多的办法，请来珠宝匠检查，称质量，看做工，都是一模一样的。

怎么办？使者还等着回去汇报呢。泱泱大国，不会连这个小事都不懂吧？最后，有一位退位的老大臣说他有办法。皇帝将使者请到大殿，老臣胸有成竹地拿着三根稻草，插入第一个金人的耳朵里，这稻草从另一边耳朵出来了。第二个金人的稻草从嘴巴里直接掉出来，而第三个金人，稻草进去后掉进了肚子，什么响动也没有。

老臣说：第三个金人最有价值！使者默默无语，答案正确。

学习感悟：最有价值的人，不一定是最能说的人。老天给了人们两只耳朵一张嘴巴，就是让人们多听少讲。善于倾听，是团体核心领导最基本的素质。

四、内外坦诚沟通且渠道畅通

坦诚、顺畅的沟通能够清除各种人际冲突，实现成员间的交流行为，使成员在情感上相互依靠，在价值观上高度统一，在事实问题上清晰明朗，达到信息畅通无阻，减少成员之间的信息阻隔现象，激励士气，减轻忧虑和恐惧，增强团队的向心力和凝聚力。

团队内外沟通的渠道多种多样，而且往往相互交织在一起，共同发挥作用。要建立一个完善的沟通体系，必须疏浚沟通渠道，做到正式沟通渠道和非正式沟通渠道互补。

（1）强化正式沟通。

对于重要的信息，坚持通过团队正式的组织系统渠道进行传递和交流。建立健全会议制度、报告制度并使之规范化，使团队的各种指令、规划、措施能真实客观地上传下达、相互协调、落到实处、统筹执行。注意利用总结会、调度会、经营分析会、座谈会、班前班后会等形式，快速地将信息进行有效的传递，使团队成员方向明确，步调一致，按计划有条不紊地朝目标迈进。积极开展合理化建议活动并使之成为一种制度化、规范化的沟通渠道，使团队成员直接参与管理，上情下达，与管理者保持实质性的沟通，各种意见能够以公开、正面、肯定的形式表达或宣泄出来。

总之，一定要建立起稳定合理的信息传播体系，以便控制团队的横向及纵向的信息流动，使团队领导和成员都有固定的信息来源，从而避免团队内部流言四起、道听途说，确保团队的正常运转。

（2）完善非正式沟通。

团队成员之间面对面随意性交谈、利用网络工具交流等非正式沟通方式，是团队成员基于感情和动机上的需要而形成的，由于比较轻松、方便、融入性很强，会使人感到轻松愉悦、便于接受。因此，在以正式沟通为主流的现代企业管理中，在强化正式沟通的同时，必须利用好非正式沟通渠道。要在团队内部营造一种坦诚开放的沟通气氛，使成员之间能够充分交流思想和情感，每个成员不仅能自由地发表个人的意见，还能倾听和接受其他成员的意见，通过相互沟通消除隔阂、增进了解、达成共识。团队领导还可有意识地把一些正式沟通渠道不好办、不便于办的事情交到非正式沟通渠道中来处理，使信息按照管理者的意志在团队内部传播，以弥补正式沟通过于严肃、刻板等不足。

案例学习：玫琳凯化妆品公司的沟通之道。

玫琳凯化妆品公司最初只有 5000 美元和 9 个人，20 多年后发展成为世界知名的公司。总经理玫琳凯成功的秘诀是什么呢？就是精通人际关系原理，懂得沟通的技巧。

该公司的特色沟通实践有以下几方面：

（1）开门原则。其做法是，总经理办公室的门每天都是敞开的，随时欢迎想提建议的人进来。玫琳凯说：不应该让"办公室"的一堵墙、一扇门，就把人们隔开了。"开门原则"强调的是上下通气、人与人沟通，更体现了公司对"人"的重视。

（2）秘书周。这是该公司的传统，在每一年的这周里，所有秘书都会获得一束鲜花和一个咖啡杯。

（3）周年纪念。每个员工参加公司届满一年之际，公司会送给他们每人一条镶有饰物的金项链作为纪念。当进入公司 3 周年、6 周年、9 周年等等的时候，得到的纪念品是其他的装饰品。进入公司 15 周年的，得到的是一件镶有钻石的首饰。

（4）生日纪念。员工过生日都会得到祝贺，公司还会为他们准备一份免费午餐，使员工感受到公司的温暖。

（5）亲自下厨。玫琳凯经常以普通身份邀请员工来家中做客品茶，有时还要亲自下厨烙几张小甜饼，让来客品尝。

（6）节日问候。每逢圣诞节，公司周年纪念日和其他节假日，玫琳凯都要给职工发信表示祝贺。员工的生日也都会收到她的祝贺信，她会在每张卡片上亲自签名，并写下一句贺词。

（7）家庭气氛。尽管公司已发展到非常大，但依然保持一种家庭气氛。公司中的办公室的门上也没有头衔标记，除了开会之外，每个人的办公室的门都是敞开的。

玫琳凯公司的成功，和人们的充分沟通、亲密无间、团结协作是分不开的。

学习感悟：在管理中，打破各级各部门各成员之间无形的隔阂，促进相互之间沟通氛围的形成，是提高工作效率的良方。对一个企业、一个团队而言，最重要的一点是营造一个融洽、快乐、开放的环境，在管理的架构和成员之间，可以上下公开、自由自在、诚信地沟通。

【思考与练习】

1. 制订团队目标应该遵循哪些原则？
2. 一个团队里都是实干家，能创造优异绩效吗？为什么？
3. 团队领导怎样做到有效倾听？
4. 有效决策必须具备哪些流程？
5. 简述畅通沟通渠道的方法。

模块 3　信任的内涵（TYBZ03602003）

【**模块描述**】本模块介绍了信任的内涵，包含来源和类型两个方面。通过要点分析、案例练习，理解信任的内涵。

【**正文**】

一个团队要加强凝聚力和战斗力，就必须相互信任。这种信任既包括团队成员之间的相互信任，也包括团队领导与团队成员之间的相互信任，还包括团队与团队之间的相互信任。管理学家认为，怀疑和不信任是团队建设最大的成本之源。

信任是团队取得成功的关键因素，是团队及成员获取长远利益的唯一途径，是有效达成共同目标的必要条件。只有相互信任，才能唤起团队成员最宝贵、最有价值的忠诚度和创新动力，才能使团队经久不衰，拥有更强的核心竞争力。

一、信任的来源

信任的产生和形成是多种主客观因素交互作用的结果。信任的主要来源包括能力、正直和善意。

1. 能力

能力是指某个成员在特定范围内对其他成员产生影响的技术和才能的总和。在一个团队中，信任关系需要依靠团队成员的工作效率和效果来传递。成员的个人能力，包括专业能力、人际关系能力和自我更新的能力三个方面。

一是专业能力。即被信任者应具备执行一项特定任务的专长，如供电抄表工应该精通电能计量方面的专业技能。在团队里，一个成员的可信任度的高低首先取决于其执行工作任务的能力。一个人拥有越精湛的专业能力，在一定情景下，他的指导就越有价值，越能够得到人们的信任。

二是人际关系能力。即如何与他人和谐相处和有效工作的能力，其重要性不亚于专业能力。人际交往的主动性、适应性，以及处理与特定人群关系的原则性与灵活性，在较大程度上影响着一个团队成员的可信任度。具有较强人际关系处理与协调能力的人，通常能赢得他人更多的信任。

三是自我更新能力。即不断扩充自己能量、适应新变化、解决新问题的能力。实际上也是一个人学习力的体现，是目标、意志、知识与实践的高度综合。现代社会高速发展，日新月异，要想长久维系信任，就必须具备这种与时俱进、持续创新的能力。

2. 正直

正直指的是对原则的坚持。原则包括社会基本原则和团队里的组织原则，前者是整个社会遵循的价值准则，后者是团队形成的一套成员共同认可的价值观和实践准则。每个人对原则的坚持将会体现其真诚坦白、信守承诺、满怀信任等品质，而这些品质会极大地影响团队成员对其的信任。

一是真诚坦白。团队成员在相互交往中，如果愿意把自己隐藏在内心深处的东西坦白地暴露给对方，就能顺利地走进对方的心灵深处。拆除彼此之间心灵的设防，敞开心扉，是产生信任的感情基础。

二是信守承诺。把自己的诚信彰显于人前的最直接的做法是信守承诺。言必信，行必果，心口如一，言行一致，是心智成熟和人格完美的人应具备的处世德行。无论是工作中大的承诺，还是生活中小的承诺，都始终坚持信守。只有信守承诺，才能保持良好的个人信用，也才值得别人依赖。

三是坚持信念。正直经常表现为坚持不懈，一心一意地追求既定目标，始终坚持自己认为是正确的东西，在需要的时候义无反顾，坚忍不拔，哪怕遇到再大的挫折，也决不放弃自己的努力，并且高度自律，能自觉抵制错误的东西，不随波逐流。

3. 善意

善意是指能使对方感受到的一种与人为善的积极态度，即好心好意地对待周围的正当的人和事。在没有回报的前提下，一个人在多大程度上替他人着想就真实反映出其在双方关系上的善意。通常情况下，人们不会拒绝那些对他们表现出善意的人，并容易由此产生信任。善意往往体现对利益的看待和处理上。

一是对对方正当的利益保持敏感和关心。能够换位思考，主动站在对方的立场和角度考虑问题，充分了解对方真实的需求，及时回应，给予高度的关注，从而拉近双方感情上的距离。这种关心是自发自为、发自肺腑的，而不是某种带有功利色彩的刻意而为的"作秀"。

二是避免因一己之利而损害他人利益。在一个团队里，成员之间的利益冲突是在所难免的。而善意则排除了以自我为中心的利益动机，不会因为自己的个人利益而牺牲他人的利益，也不会因为给局部或少数人谋取好处而损害团队的整体利益。

三是自觉以保护对方正当利益的方式行事。其典型的行为表现就是助人为乐。当对方需要资源时，主动提供；当对方出现行为偏差时，诚恳指出；当对方不愿公开某些实情时，保守秘密；当对方遭遇困难时，施以援手。使对方感觉到是一种真诚相助，而不是施舍。

综上所述，能力、正直、善意这三种因素共同构成了信任的基础。需要指出的是，这三者之间彼此独立但又相互支撑，不可或缺。一个人仅有高超的能力，而缺乏正直和善意，是根本不可能取得他人的信任的；一个为人正直或者具有善意的人，如果缺少足够的能力，可能是团队中的一个"好人"，但却无法让他人放心托付。也就是说，只有当信任必具的三个要素都得以被对方发现时，对方才能真正相信，当某一方面缺失的时候，对方充其量是有限度的相信，并不会完全把自己托付给另

46

一个人。

为加深对信任的来源的理解，下面介绍一项体验式学习方式。

游戏学习：背摔。

（1）程序。

1）将参与者分成7或9人一组，每组随意挑出一名成员充当受训者。

2）请受训者一个人站在齐腰高的台子或课桌上，其余6人（或8人）组员在台下两两相对托着双手。

3）请受训者以立正的姿势平缓后仰倒下，下面的伙伴正好托住。

（2）讨论。

1）你能否做到完全放心地倒下？

2）在倒下之前你最关注伙伴们身上具备的哪些重要因素？

3）那些动作姿态不太符合规范和受训者的主要问题出在哪里？

（3）总结与评估。

1）如果受训者对自己伙伴的能力、人品和态度有足够的认可，从容放松地倒下，6人（或8人）受力均匀，托住受训者一点问题都没有。

2）如果受训者对自己的伙伴心存疑虑，倒下时下意识地将身体蜷曲成一团，托人的伙伴受力不均匀，接住时反而不那么顺畅。

3）团队共同做好任何事情都必须从完全信任开始，并且一直以之为核心。

（4）特别提醒。

这是一项带有一定危险性的活动，为了确保万无一失，必须有专业的教练在场指挥。

二、信任的类型

信任是通过交往双方互动而产生的，在各种客观因素的交互作用下，会呈现出不同的形态。美国咨询专家丹尼斯·雷纳和米歇尔·雷纳夫妇认为，信任是一个相互的过程，它既是良性互动的，又随着时间推移而递增；信任具有明显的交易性，一个人要获得信任，就必须付出信任。因此，划分信任的类型可以从产生信任的源头入手。

在团队建设中，围绕产生信任的主要来源进行分析，信任的表现可分为三种类型：① 基于正直的契约型信任（对人品的信任）；② 基于善意的交流型信任（对信息披露的信任）；③ 基于能力的能力型信任（对能力的信任）。

1. 契约型信任

契约型信任是指处于人际关系中的当事人彼此认为对方能够说到做到。这是一种"对人品的信任"。它讲求的是遵守协议，意图高尚，以及保持行为的一致性。

对契约型信任的建立来说，以下六方面的行为方式至关重要：

（1）管理期望。

契约型信任依赖于每个团队成员对期望的管理，包括自己对他人的期望、他人对自己的期望以及自己对自己的期望。在团队成员之间的相互交往中，存在明示期望和默示期望两类期望：① 明示期望是指团队成员对期望的明确表达和明确理解；② 默示期望是指团队成员之间所达成的不成文的、不言而喻的规则、要求、协议和默契。

（2）设定边界。

所谓边界，是指每个成员所扮演的角色和承担的责任，团队的目标、任务、政策和工作流程。作为参与工作的关联点和关联条件，边界确实有助于加强团队成员的联系。在社会专业化分工日益细密的今天，团队及其成员比以往更需要通过"职能直线"来实现合作。设定明确的边界有助于识别各职能直线之间的"交换点"，而这些点则有助于促进协作。

（3）适当授权。

团队领导适当授权，给予成员的应该不仅仅是责任，而且还要有必要的权力、资源和发言权，以创造确保成员实现相互理解的双向反馈回路，达成共识，激发工作热情。团队领导和成员必须确定并一致认同工作的"检验点"以及后续流程，通过适当授权，有助于每个成员认清工作的进展状态，并进一步促进个人培养对自我、对团队信任的意愿度。

（4）鼓励相互服务。

要鼓励团队成员从大局出发，以集体利益为重，互帮互助，去服务客户、去生产产品。相互服务意识有助于重视和履行与别人约定的协议，当大家彼此支持对方的意图，目标保持协调一致，团队成员就会在相互支持中谋求成功，而不是进行暗箱操作。

（5）行为一致。

团队领导的一贯行为为成员设定了边界，让他们知道能够自行活动的范围，同时成员也就能够知道怎样和这样的领导者保持一致，而且，当情况发生变化时，这种一致性还有助于成员与领导者之间保持紧密联系；团队成员的行为一致，会使领导者感觉值得托付，从而有效授权，共同达成目标。

（6）遵守协议。

在发展团队内的信任关系时，重要的是相关各方应认可已经缔结的协议，认识到期望已经设定。因此，许多团队都精心订立了规章与程序，用来规范成员在会议上以及在其他场合的行为方式。这些工作协议有助于创建可预见的和存在信任的团队工作环境。一旦契约得以建立，无论是书面的还是口头的，双方就有各自的责任，去遵守协议、监控活动、考核绩效、持续地评估所承担的义务，并且在必要时重新

模块3

TYBZ03602003

进行协商。通过承担责任，履行义务，兑现承诺，为团队的可持续发展奠定信任基础。

2. 交流型信任

交流型信任是一种"对信息披露的信任"。它体现了团队成员对信息披露的意愿程度，以及信息披露的质量高低。

当团队领导始终愿意分享信息，鼓励员工参与业务经营和团队决策，不仅会改善相互之间的信任水平，而且还会大幅度提升团队的工作质量。要使团队成员高效率地开展工作，保持工作热情，就必须让他们准确全面真实地了解周围发生的情况。

（1）分享信息。

团队成员之间需要坦诚的信息交流。只有当团队成员分享信息时，信息才会发挥出应有的威力。它有助于集体的经验积累，有助于个人取得进步。领导者是团队成员获得真实、准确和及时信息的最佳来源。与团队成员分享想法和信息，不仅能建立信任，而且能加强决策水平。

（2）说出真话。

说真话是团队中信任的基础，说真话应该得到鼓励和褒奖。当然，有时说真话也需要勇气，有些直截了当的准确信息可能会使人感到痛苦或不安，但讲真话有助于团队成员作出更好的决定，主动去承担责任，产生更高的生产效率，对团队作出更大的贡献。因此，应该在团队中创造一种交流机制，使所有成员能够放心地说出自己心底的顾虑、感觉和需求。准许并鼓励上下级之间、同级之间自由交流，而不用担心遭受打击报复。

（3）承认错误。

当一个人犯了错误，最明智的做法就是爽快地承认。借助人际关系网去"延缓"或掩盖错误，只会引发更大的麻烦。花精力掩盖错误，就会浪费宝贵的时间，就会损失生产力、革新意识和创新力。欺骗会让团队里的每个人都付出代价。实际上，对团队的任何成员而言，承认自己的错误对重建与他人的信任大有帮助。人们尊重那些愿意承认自己的错误，并且勇于改正错误的人。从某种意义上讲，承认错误也体现了对自己的高度自信。

（4）交换建设性的反馈意见。

积极反馈会给人以接纳感，这对于接受改正意见是必不可少的。意见提得巧妙，既触及要点又尊重他人，反馈就能开启交流的大门，进一步提高信任度。同时，围绕着反馈意见的交换，它也成为更加了解自我、更加了解他人的一个良机，从而提高信任他人的意愿度，提升自己的可信度。本着积极的态度和熟练的技巧去提出反馈意见，有助于团队成员的成长和发展，并培育相互的交流信任。

（5）保守秘密。

无论是什么样的人际关系，保守秘密对于保持交流型信任来说都是意义重大的。当他人把隐私或敏感信息托付给自己时，团队成员有义务不辜负其信任。有时候保守秘密还是一项商业责任，违背约定可能会让自己失去工作。还有些时候，保守秘密是一种关联责任，破坏约定会让自己丧失人际关系。

（6）善意表达。

向当事人表达自己的顾虑和看法时，应该言辞友善，尽量让对方感到自己是在为他考虑。如果发生问题，要当面交流，而不是在背后说闲话。善意表达的人在表达时能做到有建设性地正面解决问题，并做到相互支持。抵制闲话，善意表达，将创造出安全的工作环境，从而孕育出相互信任的人际关系。

3. 能力型信任

能力型信任是一种"对能力的信任"，它反映了团队成员在多大程度上乐意信任自己和他人的能力。

（1）认可他人的技能和能力。

一个人加入团队往往是希望自己能出一份力，但也担心自己是否有实现这一愿望的能力。认可并尊重团队成员的知识、技能和能力，会促使他们充分发挥才干，并学习新技能，以便完成本职工作。准许团队成员自主工作，并在工作中实现自我成长，会有效激发其工作干劲。因此，对团队成员，在明确要求的同时，给予一定的自由度和灵活性，信任其能够出色完成任务，将有助于团队成员超水平发挥，其能力会得到加强，信任力相应也会提高。

（2）允许他人做决策。

团队领导必须给予成员足够的信任，允许他们做决策，让他们获得发挥判断力，作出选择的机会。选择会促使他们全力以赴投入工作，去学习，去成长，进一步完善和提高自己的能力。

（3）邀请他人参与，请求他人帮助。

在高信任度的团队，每一位成员都能主动参与对方的日常工作，努力作出自己的贡献。大家分享信息，交换看法，进行头脑风暴交流，找出最佳的解决方案。积极参与彼此的工作，能促进团队成员支持彼此的工作目标，为实现团队的整体业绩作出贡献。

（4）帮助他人学习新技能。

愿意把时间和精力花在他人的身上，能证明团队领导对成员完善能力的信任。作为督导者，团队领导必须发现什么时候才能给成员激励，并和成员一道完善他们的能力，挖掘他们的潜力。高效团队领导者为成员所创造的工作环境，不仅不会让成员承担风险，而且会促进他们探索新的工作领域、尝试新的工作方法。这种做法能增强成员对自己能力的信任，继而提高他们的业绩表现水平。当成员得到支持，掌握了工作所需的相关知识和技能，并且在工作中加以应用，对领导者的信任也得到提高。

综上所述，信任是团队高效能的基础。信任指引着团队朝着既定的目标迈进，创造出共同承担的责任和义务。契约型信任为团队的正常运转奠定了基础，规定了团队成员的活动范围和规则；交流型信任明确了团队的信息流，促进了彼此之间的沟通与交流；能力型信任激发了团队的杠杆效应，并进一步完善了团队成员的技能、能力和知识。这三种类型的信任相互依托、相互促进，不可偏废。

案例学习：团队合约。

这是某团队全体成员签订的一份"团队合约"，内容如下：

（1）我们将会把生活重心放在工作上；

（2）我们将以共同目标为主要导向；

（3）我们将一心一意投入团队的工作；

（4）我们会维持良好的规范（会议的次数，事前做好准备，并且执行分派的任务）；

（5）我们每个人都有分内的工作；

（6）我们将会倾听彼此的心声，并保持开放的胸怀；

（7）我们每个人都有责任解释自己的看法；

（8）我们不会只是因为谈话而谈话；

（9）我们将会珍惜在团队中度过的每时每刻。

学习感悟：团队合约是团队信任的一项具体成果，是契约型信任的典型表现，它有助于加强团队成员的纪律性，使成员有机会定期审视自己的工作，并经常考虑自己有没有遵守大家共同制订的规定。围绕团队合约，也还有其他两种类型信任的出现。因为合约的产生，有赖于团队成员的交流型信息，只有充分沟通，才可能达成共识；而对合约的真正履行，亦必将提升每位成员的工作技能，从而完善彼此之间的能力型信任。

【思考与练习】

1. 信任的来源有哪些？请结合背摔游戏简述自己的认识和感想。

2. 一个有超凡能力的人一定会获得高度信任吗？为什么？

3. 信任的表现可分为哪几种类型？

4. 如何建立契约型信任？

模块 4　彼此信任对团队的意义（TYBZ03602004）

【模块描述】 本模块介绍了彼此信任对团队的意义，包含工作、品质、沟通、绩效四个方面。通过要点分析、案例练习，领会彼此信任对团队的意义。

【正文】

成员之间彼此信任是团队发展的力量源泉，是把团队成员紧密结合在一起的黏合剂，是决定团队取得成功的关键因素，是有效达成团队目标的必要条件。

团队成员彼此信任对团队的意义可体现在以下几个方面。

一、把焦点集中在工作上

在一个团队里，如果缺乏信任，成员的注意力就不可能放在团队目标的实现上，而会转移到人际关系维持方面，如怎样平息个人之间的矛盾，怎样在工作中不得罪他人等，成员之间防卫心理严重，甚至导致出现安然公司崩溃之前的那种景观："员工们不仅欺负外人，同时也相互倾轧……安然公司的交易员害怕上洗手间，因为坐在他身边的家伙可能会偷看他的电脑，通过电脑屏幕上的信息来抢走他的生意。另外，由于坏消息有可能砸掉饭碗，所以所有问题都被掩盖起来……"

费孝通先生曾有一个比较形象的比喻，他认为中国的人际关系就像一块石子扔进水里一样，溅起好多好多的波纹，一圈一圈的波纹向外扩散，由近及远，互相交错，利益关系复杂。比如，一个有 3 位成员的团队，构成了 3 种人际关系，如果增加一名成员，就要变成 6 种关系了，加入的成员越多，形成的关系就越复杂。因为每一个人都像投入水中的石块一样，以自己为中心，形成了一圈一圈的波纹似的由亲而疏的关系网，在相互交错中，形成了错综复杂的关系。复杂的人际关系，对团队发展产生了很多负面的影响，因为成员耗费在人际关系方面的精力太多了。而每个成员的时间和精力是有限的，在这方面花费的多，用在工作上的就少了，就必然影响团队目标的实现。

解决上述问题的有效良方是创造一种和谐的人际关系氛围，建立和维护工作场合的信任。团队领导与成员之间、成员与成员之间彼此信任，能促使大家把焦点集中在工作上。团队成员就会在相对简单的人际关系中，心无旁骛、全力以赴地投入到团队建设中，把时间和精力投放在该做的和想做的事情上，并以主人翁的姿态，对团队工作流程提出更多合理化建议，促进工作效率的进一步提高。

案例学习：海尔公司快速装船。

1994 年 4 月 5 日下午 14 时，一个德国的经销商打来电话，要求海尔公司必须在 2 天内发货，否则订单自动失效。而 2 天内发货意味着当天下午所要的货物就必须装船。此刻正是星期五下午 14 时，如果按海关、商检等有关部门下午 17 时下班来计算的话，时间只有3h，而按照一般程序，做到这一切几乎是不可能的。但海尔硬是把不可能变成了可能。他们采取齐头并进的方式，调货的调货、报关的报关、联系船只的联系船只，争分夺秒，全身心地投入到工作中，使每一个环节都顺利通过。当天下午17时半，这位德国经销商接到了来自海尔货物发出的消息，他非常吃惊，随即便转为感激，还破例向海尔写了感谢信。

学习感悟：面对一项似乎不可能完成的紧急任务，海尔的员工没有丝毫的迟疑，迅速达成共识，全力投放工作。支撑这种主动积极行为的，正是海尔员工彼此之间的高度信任。海尔后来取得举世瞩目的业绩，在很大程度上得益全体员工彼此信任，公司上下齐心协力。

二、提升协作的品质

团队成员彼此信任，能使团队形成一种良好的协作气氛：大家坦诚地分享信息，包括负面信息；鼓励团队成员冒险，允许犯错误，犯了错误及时总结教训，以避免再犯，从而有效地提升协作的品质。

一是降低协作成本。彼此信任增强了人际关系中的信心和安全性，促进完全的、开放式的信息交流，成员之间坦率地表达想法、感受、反应、观点和意见，并对他人为团队所作的贡献给予高度尊重，这将大大减少人际关系的复杂性，使协作过程中监测与控制的成本迅速降低。团队运行如果缺乏信任，就得依靠更多的规章制度和惩处办法来管控，耗费的成本将无法预计。

二是增加协作机会。彼此信任能够增加团队成员进一步协作的机会。在重新选择协作伙伴时，曾经的良好协作和信任关系为再次选择对方增添了砝码，双方无需再耗费时间、精力去审查他人，协作效益增大，协作的机会和可能性也就大大增加了。

三是扩大协作领域。彼此信任有利于团队成员充分发挥创新和冒险精神，敢于直面问题，勇于提出难题，大家以诚相见，寻找解决方案，并联合行动，为协作打开新的天地。

案例学习：天堂与地狱。

关于天堂与地狱，有这样一个故事：有人问教士天堂与地狱的区别，教士把他领进一间房子，只见一群人围坐在一口大锅旁，每人拿一把汤勺，可勺柄太长，盛起汤也送不到嘴里，一个个眼睁睁地看着锅里的珍馐饿肚子。教士又把他领进另一间屋子，同样的锅，人们拿着同样的汤勺却吃得津津有味。原来他们是在用长长的汤勺相互喂着吃。教士说："刚才那里是地狱，这里是天堂。"

学习感悟：所谓"天堂"，就是人们彼此信任、相互协作；所谓"地狱"，就是彼此防范、相互掣肘。

三、促进沟通和协调

在缺乏信任的团队中，成员间相互猜忌，互相防备，不愿主动、真诚地进行沟通；只有彼此信任，团队成员间才能建立合作伙伴关系，才能够共享经验、信息，开诚布公地提出好的建议和意见。

信息在团队中的传播是通过独特的"信任"和"不信任"的"过滤器"进行的。这个过滤器能起到这样的作用：如果没有信任，完全真实的信息可能变成不可接受的，而不真实的信息倒可能变成可接受的；只有在彼此的前提下，信息才得以完整、准确、真实地传达。

在一个团队里，每个成员都需要发挥自己的技能、天分和全部的能力；需要分享和获取信息；需要理解他人，世界需要被他人理解；需要别人的帮助，也需要被别人帮助。而要做到这些，就离不开彼此信任。

当彼此信任时，团队成员会为自己的行为感到欢欣鼓舞。大家自由协作，开启沟通的渠道，坦诚分享彼此的思想。他们为自己是团队的一员感到欣慰，对同伴有高度的责任心，并更加愿意投入到工作中去。在彼此信任氛围下，团队成员通过自己的切身感受，产生出对本职工作的自豪感和使命感，对团队的认同感和归属感，把自己的思想、感情、行为与整个团队联系起来，从而使团队产生一种强大的向心力和凝聚力，发挥出巨大的整体效应。

案例学习：惠普的管理之道。

被称为 HP Way 的惠普管理之道，在业界非常有影响力。它由五个不可分割的核心价值构成。首先第一个就是：相信、尊重个人，尊重员工。惠普的整个管理重心全部落在信任员工上面。惠普的每一位管理者都尊重自己的员工，深信每个员工都有他的重要性。

惠普从不对员工随意猜忌，总是将员工视为自己人。在惠普，存放电气和机械零件的实验室备品库是全面开放的，这种全面开放不仅是允许工程师在工作中任意取用，而且实际上还鼓舞他们拿回家供个人使用。因为惠普的观点是：不管他们拿这些零件做的事情是否与其工作有关，反正只要他们摆弄这些玩意就总能学到点东西。

对于一个像惠普这样庞大的企业来说，内部管理制度原本是非常重要的，但令人不可思议的是，惠普不但没有作息表，也从不进行考勤。员工可以从早上6时、7时或8时开始上班，只要完成8时工作即可。这样每个人都可按照自己的生活需要来调整工作时间。

在公司看来，对员工的信任高于一切。产品设计师们不管在做什么东西，全部都留在办公桌上，谁都可以过来摆弄一下，并可以无所顾忌地对这些发明评头论足。惠普的这种用人之道用一句俗语可以表达为"疑人不用，用人不疑"。

惠普公司还着力打造一个开放式的办公环境，引导员工们自由发散思维。在惠普，任何人都找不到一个大门紧闭的办公室，即使是最高决策单位，也是仅以小屏障分隔的开放空间。这样的设置，显然是为了支持公司的"开放"的政策，允许员工讨论个人或和工作相关的议题。

学习感悟：若要团队成员变得愿意承担更多责任，必须让他们有一种被信任的感觉，或者至少他们必须被公司平等地对待。信任，能促使成员竭尽所能地去做好工作，激发成员对团队和企业的忠诚，加快企业发展的步伐。就像韦尔奇说的：努力促成信任关系也是一种激励手段——最重要的激励手段。相反，如果对成员不信任，就会成为企业管理中最大的成本。因为不信任的代价很高——直接扼杀团队中的创造性意见，降低公司的生产能力。

四、产生相互支持的功能

相互支持是团队成功的法宝，能使团队成员树立信心，激发勇气，敢于面对困难，迎接挑战，即使遇到障碍也不退缩。只有彼此信任，才能使团队成员互帮互助、齐心协力，以更大的信心投入到团队工作当中去。

通常情况下，团队成员考虑问题办事情大多以自我为出发点，但由于各自的价值观、态度、愿望及所处的时间、空间和其他条件不尽相同，对同一件事情的看法肯定会有很大的差异，因此，要真正实现理解、相互关心、相互帮助，就必须彼此信任。

彼此信任能最大限度地实现求同存异，达到"高驱力、高同感"。"高驱力"指的是能积极地向他人推销自己的主张，在交往中不轻易放弃自己正确的观点，以引导他人纠正方向；而"高同感"代表能认真地倾听他人所提出的与自己不同的意见和主张，从中吸取有益的养分。既有"高驱力"又有"高同感"，意味着既能维护自己的尊严和利益，又决不忽视他人的利益和尊严，从而产生相互支持的功能，取得双赢或多赢局面。

案例学习：南方李锦记的信任之举。

曾接连获得中国最佳雇主和亚洲最佳雇主的南方李锦记特别注意营造高度信任的氛围。公司认为，要发挥员工的潜能，就要充分信任员工，只有高度信任，才能坦诚沟通，减少管理成本，提高效益。南方李锦记董事长李惠森给其他同事打电话从来不问"你在哪里？"或者"你在干什么？"而第一句话就是"打扰你吗？"或者是"方便吗？"

为让员工充分发挥自己的潜力并得到认可，南方李锦记授予各级员工尽可能多的权限，并做到责权结合，让管理者从事务性工作中解脱出来，有更多的时间思考方向性、策略性的问题，让每一级员工可以"拔高"自己，站在更高的层面思考工作。

为了探索一种有效的团队建设模式与平台，南方李锦记创造了三个具体的沟通工具，即背景分享、强弱项分析和残酷的现实：开始，通过大家分享背景来达到彼此了解的目的，如向团队成员介绍自己的家庭、学习、工作和爱好，以及自己难忘的事情；通过强弱项分析，可以增强自我了解以及对同事的了解，一方面相互之间可以取长补短，另外可以避免许多误会的产生；有了这种彼此信任的氛围后，开始进入"残酷的现实"这一环节，让团队成员相互指出缺点，并提出改进建议。经过这三个磨合阶段，一支高效有战斗力的团队也就形成了。

学习感悟：南方李锦记的文化精髓是"思利及人"，在考虑任何的利益或事情的时候，要先考虑对方，站在对方的角度来思考，这样才能达到双赢的目的。这不但是该公司的核心价值观，也是日常管理或遇到问题和冲突的时候，公司员工的最高指引。

【思考与练习】

1. 彼此信任对团队的意义主要表现在哪些方面？
2. 结合工作实际，简述自己对信任的意义的认识。

模块 5　团队冲突（TYBZ03602005）

【模块描述】本模块介绍了团队冲突的内外表现，包含性质、成因、作用三个方面。通过要点分析、案例练习，能够辩证地认识团队冲突。

【正文】

为了达到共同目标，团队应建立和巩固和谐的人际关系。只有协调与合作，团队成员的思想行动才能保持一致。但遗憾的是，由于客观存在的种种差异性，在团队内部与团队之间往往存在着种种冲突。

按照传统的观点，冲突往往与无理取闹、各执己见、暴力破坏等词汇联系起来，表明团队的内部功能有失调的现象。冲突历来被认为是造成和导致不安、紧张、不和、动荡、混乱乃至分裂、瓦解的主要原因之一。由此，长期以来人们着重指出的往往是冲突破坏性的一面，主张"和为贵"、"和气生财"、"家和万事兴"，凡事采取中庸之道，尽量避免冲突，以求和平共处。

事实上，并非所有的冲突都是坏事。团队在运转时往往需要不同的观点或行为彼此激荡才能碰撞出改进的火花，当团队中的成员都能自由表达自己的心声或喜恶时，整个团队必会因为多元化而受益。从这个意义上讲，冲突也是一把双刃剑，问题在于人们如何看待和处理团队中产生的这样或那样的冲突。

正确认识冲突对于团队建设具有重要的意义，如果能够运用辩证的观点剖析冲突，对冲突进行有效管理，把团队内的良性冲突维持在一定水平，不仅可以激发团队成员积极地去思考问题，寻求改善良方，还可以激发团队的整体创造力，帮助提高团队的整体绩效。

一、冲突的性质

团队成员在交往中产生意见分歧，出现争论、对抗，导致彼此间关系紧张的局面，这种状态就是"冲突"。

冲突是团队成员之间或团队之间因某种原因而发生的直接性的对抗或不一致的互动行为过程。根据冲突的性质，可将冲突分为建设性冲突和破坏性冲突两大类。

1. 建设性冲突

所谓建设性冲突，是指冲突的双方目标一致但采取的方法、手段或途径不同所产生的冲突。这是一种功能正常的良性冲突，它能推动和改进团队工作，有利于团队成员开拓进取。

建设性冲突主要有以下特点：

一是双方关注实现共同的目标。双方对存在的冲突保持积极乐观的心态，大家能在共同目标的指引下，一道探询解决问题，实现目标的方法、手段和途径，虽难免出现分歧，但最终能够达到某种程度上的平衡，促使双方在磨合和砥砺中找到共识。

二是冲突双方乐于了解对方的观点和意见。虽然对事物的看法和问题的认识有各自的理解，甚至差别很大，但冲突的双方愿意相互沟通，相互交流，希望了解对方的思想与情感，能够换位思考，设身处地地为对方着想，最终有助于消除对团队建设有杀伤力的隔阂和冷漠。

三是以讨论问题为中心。冲突的双方将时间和精力聚焦在讨论和解决问题上。在尊重对方人格的基础上，充分表露自己的观点，宣传自己的主张，并通过深入思考自己的方案，收集更多的证据来说服对方。

2. 破坏性冲突

所谓破坏性冲突，是指冲突的双方由于目标不一致而引发的对抗性冲突。这是一种功能失调的恶性冲突，它阻挠团队工作进度，影响团队成员团结，妨碍团队目标实现。

破坏性冲突主要有以下特点：

一是双方只关注赢得自己观点的胜利。冲突的双方都只关注自己的观点，想方设法使自己的意见占尽上风，过分强调个人利益而不顾及他人的利益和感受，往往导致矛盾激化。

二是互相排斥对方的意见。冲突的双方对待对方的意见存有一种本能的排斥，并由此产生紧张与敌意的心理，从而降低对问题的关心程度，不利于解决分歧，化解矛盾。

三是由问题争论转为人身攻击。当事人彼此抱有负面的看法，对对方的言行进

 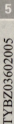

行错误的归因，在争论时带着较强的个人情绪，视对方的意见为故意挑衅，因而恶言相向，把问题争论变成人身攻击，使冲突进一步恶化。

需要指出的，以上两类冲突的划分不是绝对的，往往是综合交叉，也可相互转化。在团队建设中要提倡建设性冲突，激发团队成员工作积极性，减少对抗性冲突。

案例学习：奖金如何分配？

某团队因出色完成了某项任务而获得一笔奖金。这时团队成员围绕奖金的分配问题发生了争议：

有人认为完成任务是全体成员共同努力的结果，所以奖金分配不能厚此薄彼，应该按人头平均分配，这样有利于增强团队的团结气氛，执行下一次任务时大家能继续共同努力。

有人认为在这次完成任务过程中各个成员付出的心血和起到的作用明显不同，应该论功行赏，奖金分配应拉开一定差距，这样才能调动多干事、会干事的人的积极性，在执行下一次任务时各人才能大显身手，把各自的潜能充分发挥出来。

还有人认为团队任重而道远，目前团队建设的物质基础还较薄弱，应该把奖金切成两块，一块发放给团队成员个人，一块留下来用于团队的继续发展和提高。

学习感悟：以上这种情况就属于良性冲突。虽然团队成员各持己见，几种分配方案分歧较大，但大家有一个本质上的共同点，这就是都希望团队能进一步发展。相信在这个共同目标的指引下，他们一定能够通过讨论协商，最终找到一个大家共同认可的奖金分配方案。

二、冲突的原因

团队总存在着许多导致冲突的潜在根源，一旦有了冲突的起因，冲突就会出现。概括起来，冲突的原因有以下几种：

1. 个性差异

团队的每个成员都具有各自不同的成长经历，由此导致智力、体力、生活环境、受教育程度、工作性质等均不相同，结果就表现为各自不同的个性特征。在一个团队里，有的成员性情温顺、处事随和、待人友善，有的成员则性情暴躁、行事交往带有攻击性；有的成员性格内向、态度沉稳，有的成员则性格外向、豁达大度等。当不同个性特征的成员相处或共事时，由于他们在表达观点的方式上或者是处理问题的方式上存在差异，就会产生矛盾，引起冲突。

2. 价值观不同

价值观反映团队成员对事物的是非、善恶、好坏的评价，不同价值观的成员的行为表现特征不同，对同一事物或行为也具有不同的价值判断标准，这种差异极易引起成员相互之间主观判断的分歧和争议。如在团队成员中，有的注重眼前的经济实惠，有的则重视长远目标的实现；有的看重自己的职务地位，有的重视实际能力的提高和事业上的建树；有的重视产品数量，有的则注重产品质量，等等。不同的价值观，导致不同的感情、态度、行为，严重了就会发生冲突。

3. 沟通不畅

对一个团队而言，沟通不畅的情况有几种。一是信息传递者在信息传递过程中，往往对自己所要传递的信息内容缺乏真正的了解和理解，或者信息本身就是模糊的，所以接受者在最初接受的信息就是一种被曲解的信息。二是由于信息传递工具功能的障碍，或信息发送者与接受者因双方思想、认识方式等差异或动机不同而对信息内容产生误解。三是信息接受者和传递者之间因互不信任、怀疑、敌对状态而引起对信息的歪曲和人为地破坏，或因恐惧、紧张等其他原因而造成曲解。沟通不畅导致信息无法传递或者传递失真，极易引起冲突。

4. 资源有限

相对于成员的需求来说，团队所拥有的资源总是有限的。为了提高这些资源的使用效率，必将按照公平和效率兼顾的原则而不是平均的分配方式来进行，这就会引起部分成员的心理失衡。特别是团队中的资金、名誉、地位、时间、权力等资源越是稀缺，越容易导致一部分成员的心理失衡，如评奖，一方面是名额有限性，另一方面又有众多的需求者，两者之间必然产生矛盾，孕育冲突。

5. 目标分歧

许多时候，团队冲突都是因为各自之间的行为目标存在差异，有时是团队目标之间的差异，有时是团队目标与个人目标的差异，有时是个人目标之间的差异。如生产部门乐于接受定型的生产任务，而销售部门则希望产品的多样化。同一团队内的不同成员对市场开发的看法不同，甲想以改进产品的质量来帮助公司获得更多利益，而乙却想要看到公司因为降低价格而得到更多好处。这必然引起冲突。

案例学习：狐狸传话搬是非。

狮子和老虎在各自的地盘中逍遥自在，彼此相安无事。

有一只狐狸想，森林里如果没有了狮子和老虎，我就会成为森林的霸主。

狐狸到狮子面前说："狮子大王，老虎想抢占您的地盘，要和您比试一下。"

它又到老虎面前说："老虎大王，狮子想侵略您的地盘，约你较量一番。"

于是狮子和老虎之间爆发了一场激烈的战斗，最后两败俱伤。狮子快要断气时，对老虎说："如果不是你非要抢我的地盘，我们也不会弄成现在这样。"同样奄奄一息的老虎吃惊地说："我从未想过要抢你的地盘，我以为是你要侵略我。"

学习感悟：人与人之间难免有摩擦，如果彼此之间缺乏有效沟通，就很可能产生不必要的误会和隔膜，甚至使冲突恶化升级。在一个团队里，成员之间有不少冲突就是沟通不畅引起的。

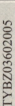

三、冲突的作用

如前所述，冲突是具有两面性的。冲突本身并不是什么坏事，冲突只有在转化为个人恩怨时才有害，但它完全有可能超脱于个人恩怨之外。适度的冲突能够使团队保持旺盛的生命力、永不满足和坚持创新。具体地讲，冲突的积极作用主要体现在以下几方面：

1. 及时暴露问题，增强组织活力

团队冲突的发生是团队成员之间存在差异和不一致的充分体现，让冲突及时表露出来，可使对立的双方采取合适的方式发泄各自胸中的不满，避免由于压抑而可能酿成的极端反应。通过冲突，当事人从彼此之间的差异和不一致中，能够发现自己的不足，找到自己工作和交往中需要改进的地方，并以对方为参照物修正自己的目标与方法，使自己的目标与方法具有更强的操作性和现实性。

团队冲突所暴露出的问题，不仅包括团队内部存在的问题，也包括团队对外部环境的不适应等问题。正常水平的冲突能够将团队存在的各种问题与不足及时暴露在众人面前，使许多隐藏的和潜在的矛盾明朗化，从而使团队在作决策时不被假象所干扰和影响。

适当量级的冲突还能活跃团队气氛，使团队成员能够分别表明自己的观点和态度，并能有效地进行沟通和交流，激励每个人积极地思考团队所面临的问题。

把冲突维持在一定量级水平，能够使整个团队充满活力。

2. 激发群体士气，提高竞争能力

通过不同意见、观点的交锋，冲突双方表明自己的态度，让隐藏的问题暴露出来，让分歧的因素显现出来，促进思想交流，增进彼此了解，紧张的情绪得到宣泄，使冲突者感到互相接近，不至于使不团结的因素隐瞒下来，有助于消除分歧，增进团结，从而增强群体的凝聚力。

冲突往往是利益分配不平衡的表现，它促使团队成员通过互相妥协让步和互相制约监督，调节利益关系，由低层次的分歧上升到高层次的共识，使团队在新的基础上取得发展。

当团队与外部存在冲突时，团队内的成员往往最团结，大家会暂时抛却个人恩怨，主动而积极地关心团队整体的目标，甘心服从于团队领导的指挥和调配，形成旺盛的群体士气，同心协力地完成同一个目标，在竞争中众志成城，有利于提高团队竞争力。

3. 提高创新机会，催化应变能力

团队内部的不协调往往是创新的重要来源。冲突暴露了团队内存在的问题，但也使团队注意到问题的存在，而在解决问题的过程中，往往就存在创新的机会，从这个意义上讲，冲突也是团队创新的内在动力。

管理学家史蒂芬·罗宾逊说："冲突是变化的催化剂。"他认为"冲突可促使变化产生，如果企业不改进产品或服务来满足变动中的客户需求，顺应竞争者的行动及科技发展，企业组织将日益不健全，并最终走向衰落，很多组织失败是因为组织中冲突太少，而非冲突太多。"团队的运作从一定角度来看就是发现问题、解决矛盾的过程。冲突的存在为团队建设提出新的目标，团队正是通过不断地解决新的问题而逐渐成长、成熟的。

案例学习：表箱挤占楼道怎么办？

2004年11月，湖北省荆州市荆西供电营业所接到居民刘先生的投诉：他所住的居民楼楼道口电能表箱箱体过厚，搬运沙发时因箱体挤占楼道空间，物体过大无法通过，无奈之下只好将沙发从客厅窗口处吊入家中。

围绕客户反映的情况，营业所的员工们展开了激烈的争论。有人认为这是特例，属个别偶然现象，不必理会；有人认为用户的诉求合情但不合理，应该做耐心的说服工作，让用户接受现实；有人认为用户的诉求有一定道理，但无法有效解决，可给予一定经济补偿，平息事端；有人认为作为供电服务窗口，就应该想用户之所想，急用户之所急……

后来，供电所全员参与了对居民楼道表箱的调研，共走访了28栋居民宿舍，访问户数达100户，经过分析，发现供电区内居民区户表表箱集中管理存在两大弊端：一是箱体过厚，挤占公共空间；二是仅仅强调表箱集中安装，忽视了表箱分户管理，导致在用电普查中很难确定电量失窃的责任主体。

针对这种情况，他们与生产厂家联合开发了一种全透明隔断式超薄型组合计量箱。

学习感悟：冲突可以使团队成员更加深入、更加全面地思考存在的问题，通过对产生冲突原因的调研和剖析，更利于对症下药，找到有效的解决方案。

【思考与练习】

1. 冲突一定就是坏事吗？为什么？
2. 团队冲突可分为哪两大类？分类依据是什么？
3. 冲突的积极作用体现在哪些方面？

模块6 应对冲突的策略（TYBZ03602006）

【模块描述】本模块介绍了应对冲突的策略，包含应对冲突的原则、处理冲突和激发建设性冲突的基本方法。通过要点分析、案例练习，掌握合理利用冲突，提高团队绩效的策略。

【正文】

鉴于冲突的两面性，应该用辩证的态度对待冲突，努力抵制和防范破坏性冲突的产生，积极限制和消除冲突的破坏作用，保持或制造团队中适度的良性冲突，充分利用冲突带来的创新机会和建设性冲突的有效能量以及一切可以利用的有利条件，实现团队的健康运作和持续发展。

一、应对冲突的原则

1. 厘清真相

针对团队中出现的矛盾纠纷，首先必须进行深入细致的调查研究，要坚持以事实为根据，通过对所掌握的材料进行系统的分析和研究，弄清矛盾纠纷的起因、经过、现状和趋势；显露矛盾纠纷双方的真实观点、理由、要求和动向；探究矛盾纠纷产生的根本原因是认识上的分歧，还是利益上的冲突；判断是无原则的矛盾纠纷，还是原则问题上的冲突。只有厘清真相，才能对症下药，使冲突双方的矛盾纠纷得以化解或转化，使对团队有益的良性冲突得以产生和保持。

2. 正确疏导

冲突的本身并不危险，危险的是不当的处理冲突的方式。传统的处理冲突的指导思想是"采取各种措施，竭力避免它的发生"，往往选取息事宁人或强行阻止的方式去处理问题。这样做导致的后果是：虽然冲突当事人之间暂时恢复到风平浪静，但其实质问题并未得到妥善解决，就像大型水库那样，在每次小汛期之后水面都会有所上升，看似平安无事，然而如果不及时开闸放水，最终会导致溃坝的恶果。

对冲突不能掩盖、压制，应该让它表现、发生、显现出来，即发泄出来。这样有利于不同观点、情绪的宣泄，使对立情绪的人在心理上获得平衡。在一个团队里，如果成员的怨气和不满得不到发泄和释放，就会在人体内形成负能量，越积越大，一旦爆发，就会对自己和他人造成伤害。因此，应该采取正确疏导的方式，创造一定的条件和环境，使不同见解、不满情绪有一定的渠道、途径和方式发泄出来，从而保证团队的运行稳定有序。

3. 相互尊重

一方面要尊重对方人格。在彼此观点发生冲突时，应就争议性的问题进行探讨和辩论，而不应该转化成人身攻击。注意抓住争议的问题和主要矛盾，舍弃和避免易混淆的枝节问题。

另一方面要尊重对方观点。要善于从他人的角度看问题，努力了解对方考虑问题的视角，使自己对问题有更全面的认识，从而酝酿出对大家都有利的解决方案。注意不要一味地为自己的观点进行辩解，要用更多的时间去倾听他人的想法并试着站在对方的立场去理解其观点，求同存异。如果团队成员都能本着这种相互尊重的心态去对待问题，更加开放地聆听他人的意见，必然会在冲突中找到彼此争议的契合点，从而开展更为有效的合作。

4. 公正客观

团队成员，特别是团队领导者，只有保持公正客观的态度，才有助于矛盾纠纷的平息或化解，不公正的处理只会激化矛盾、恶化冲突。

毫无疑问，每个人都有各自的喜恶、偏爱，但必须努力摒弃个人的主观臆断，尽量以调停者的身份出现，冷静客观地观察、分析整个事件，并注意听取一些局外人的意见，以克服认识上的盲区。

调解成员之间的矛盾纠纷，是为了使对立双方消除积怨、放下包袱、振奋精神、加强团结、心情舒畅地投入到工作和生活中去，而不是抓住某一方的缺点、毛病冷嘲热讽、落井下石。在调解纠纷的过程中，不要预先假设某一方是错的，要耐心倾听双方的意见，以满腔的热情，做好耐心细致的思想工作，坚持以理服人、以情感人、依据事实、对照政策、公道正派、合情合理。

案例学习：索尼公司的五房间熄火法。

索尼公司创造的"五房间熄火法"是一种饶有趣味的化解冲突之法。当员工间发生矛盾时，闹矛盾的员工需要先后进入五个房间：

第一个叫"哈哈镜室"。满脸怒容的员工进入后，先照哈哈镜，看到哈哈镜中扭曲变形而又怪模怪样的自我，他会忍不住笑起来，一笑解千愁，在笑声中他们自然消了些气，脸色开始有所缓和。

第二个叫"傲慢像室"。里面有一个橡皮造的塑像斜眼看着你，表示蔑视和看不起你。这时工作人员让闹意见的员工拿橡皮榔头去打那个傲慢像，尽情宣泄还未消尽的气，以达到心理的平衡。

第三个叫"弹力球室"。墙上绑着一个球体，连着强力橡皮筋。先让闹意见者使劲拉开球后放开，球打在墙上马上反弹回来，击中闹意见者的身体，旁边工作人员会问："你痛不痛？"你为什么会痛？"然后告诉闹矛盾者，这叫"牛顿定律"，有作用力就有反作用力，你去惹人家，人家就会报复你。让员工冷静想一想这其中的道理。

第四个房间，这是家工厂的"劳资、劳工关系展览室"。让闹意见者认真观看过去资方怎样关心员工以及员工之间怎样互相友爱的实例，以加强对闹意见员工心理的触动，引导他们反思自己的言行。经过上述四个房间后，经理在第五个房间等候。

第五个房间叫"思想恳谈室"。管理人员征求闹意见者双方的意见，看矛盾如何解决。经历了四个房间的员工，这时大多已冷静下来，双方一般情况下自然会主动解决矛盾，心平气和地接受批评和做自我批评。妥善地解决了员工之间的矛盾后，管理人员对两个人还要勉励一番，并给予物质奖励。

学习感悟：在团队内部，成员之间会因各种原因而发生争执和受到他人的批评，这是不可避免的。当这种情况发生时，而重要的原则就是遵循人类心理规律，通过心理疏导，唤起理智感，让成员自己解决矛盾和不适，并实行自我教育。"化干戈为玉帛"，维护团队内部的"人和"环境，理顺情绪。

二、处理冲突的基本方法

在冲突管理方面，西方管理学提供了最基本的模型如图 TYBZ03602006-1 所示。

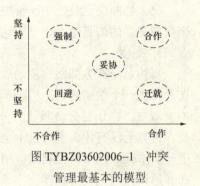

图 TYBZ03602006-1　冲突管理最基本的模型

冲突管理通常包括合作性和坚持性两个维度，合作性表示对对方的态度，就是力图满足别人愿望的程度，越是强调满足别人的愿望，说明合作性行为越强；坚持性则表示对自己观点的态度，就是力图满足自己愿望的程度，越是强调满足自己的愿望，坚持性行为越高。由这两个维度交叉组合，可以分成以下五种处理冲突的方法。

1. 强制

强制的方法是指在冲突中寻求自我利益的满足，而不考虑他人的影响，试图以牺牲别人的利益为代价，来达到自己的目标。冲突双方都站在各自的立场上互不相让，"要么你们对了，要么我们错了"，一定要分出个胜负、是非、曲直来。虽然强制的方法不能触及冲突的根本原因，不能令对方心服口服，只是强迫对方去完成，但如运用得当并不必然导致两败俱伤的结局。在有些情况下，采取强制的方法是可行并且有效的，甚至在有些情况下还必须使用竞争方法。

以下情况适合采取强制的方法：

（1）当需要快速进行决策的时候，如遇到紧急事务，必须立即采取果断行动。

（2）执行重要的但是不受欢迎的行动计划时，如消减费用、严格考勤制度等。

（3）执行对团队来说是重要的而且肯定是正确的决策时，如团队进行一次大胆的变革和创新，可能会让资历老的成员觉得不满意，但为了团队的长远发展，必须采取强制方法。

2. 回避

回避是指一个人意识到冲突的存在，希望逃避而采取的既不合作，也不维护自身利益，一躲了之的方法。矛盾的双方既不采取合作性行为，也不采取强制性行为，面对冲突，"你不找我，我不找你"，双方都尽可能回避这件事。

虽然回避并不能从根本上解决问题，消除冲突的隐患，但在日常工作中都往往会派上用场。不要以为回避就是不负责任。许多时候采取回避的方法会得到意想不到的良性结果。

以下情况适合采取回避的方法：

（1）当发生冲突的事情微不足道，或者还有更紧迫、更重要的问题需要解决时。

（2）当认识到自己的需求和利益无法得到满足时。

（3）当解决冲突造成的损失可能大于解决问题所带来的利益时。

（4）当试图解决分歧的努力可能会破坏双方的关系，甚至导致问题更严重时。

（5）当冲突已经发生，希望别人能够冷静下来，使矛盾的双方能有足够的时间来获取更多的信息时。

3. 妥协

妥协是指双方都愿意主动放弃自己的部分利益，并且共同分享部分利益，目的在于得到一个快速的、双方都可以接受的方案。妥协的方法没有明显的输家和赢家，冲突双方"你让三分，我让三分"，都让出一部分利益，反倒能保存双方其余的利益。世界上没有什么事可以十全十美，既然客观上难以尽善尽美，矛盾的双方不妨退一步求其次，与其强制竞争相持不下，不如各退一步也就海阔天空。妥协的方法在非原则问题上使用较佳。

以下情况适合采取妥协的方法：

（1）当矛盾的双方势均力敌，目标的重要性处于中等程度的。

（2）当面对一个复杂的问题需要寻找暂时性的解决方案时。

（3）当面临时间的压力，双方没有更多的时间去合作时。

（4）当对方作出承诺，不再出现类似的问题时。

4. 迁就

迁就是指矛盾的一方为了抚慰另一方，并维持良好的关系，愿意把对方的利益放在自己的利益之上，愿意自我牺牲，遵从他人观点。

虽然迁就可能被视为软弱，但对于那些既不具有重要性又不具有紧迫性的问题，采用迁就的方法倒不失为一种良策。迁就往往是先退一步，为的是后进两步。

以下情况适合采取迁就的方法：

（1）当事情对于其中一方来说非常重要，而另一方认为不值得冒险破坏双方的关系时。

（2）为了在以后的协作中能够建立信用基础，不妨在某些小事上迁就对方。

（3）当意识到自己不正确的时候，千万不要为了顾及面子而固执己见。

（4）当和谐比分裂更为重要的时候，如在团队最困难的时候，特别需要和谐的团队气氛，这个时候大家应尽可能多一些宽容和迁就。

5. 合作

合作是指主动与对方一起寻求解决问题的方法，是一种互惠互利寻求双赢的解决问题的方法。双方都敞开心扉，坦诚各自观点，而不是互相迁就。双方既要考虑和维护自身的利益，又需充分考虑和维护对方的利益，并最终达成共议。

　　合作是一种比较理想的解决冲突的方法。通过事先的沟通，双方彼此尊重对方意愿，同时不放弃自己的利益，最后可以达到双赢的结果，形成皆大欢喜的局面。对于那些重要性很强、但不是特别紧迫的、有时间进行沟通的问题，必须采取合作的方法。

　　以下情况适合采取合作的方法：

　　（1）当矛盾的双方能够公开坦诚地讨论问题，并能够找出互惠互利的解决方法，而不需要任何人作出让步时。

　　（2）当双方的利益都很重要，而且不能够折中解决时。

　　（3）当目标是为了学习、测试、假想或了解他人观点。

　　（4）当需要从不同角度来考虑问题，决策中又必须融入他人的观点时。

　　以上五种处理冲突的基本方法，并无绝对的好坏之分。具体采用哪种方法，既取决于当事者的个性偏好，也要视团队的内外环境而言。面对冲突的情境，有些人希望不惜一切代价获取利益，有些人希望发现一种最佳的解决方案，有些人希望逃避，有些人希望施惠于人，还有一些人则希望共同分担，这都无可厚非。重要的是审时度势、准确判断，在合适的情况下采取相应的最佳解决冲突的方法。

　　案例学习：进了水的手机能否保修。

　　有位顾客拿着手机到售后服务部要求免费修理。维修人员发现手机内进水了，认为是顾客使用不当造成的，不属于保修范围，拒绝免费修理。而顾客坚持认为手机买的时间不长，还在保修期内，售后服务部应当保修。双方为此争执不下。

　　售后服务部经理了解情况后，首先对顾客手机损坏表示同情，并提出可以先借给他一部手机，以方便他使用，同时告诉他："我们会仔细检查手机的问题，找出原因后负责帮你修理好。"

　　手机修好后，该经理心平气和地告诉顾客，故障是由于顾客保管不慎进水引起的。他说："我们把手机修好了，你不用交维修费，只交更换零件的成本即可。"结果双方妥善解决了问题。

　　学习感悟：不同情况的冲突应当采取不同的处理方法。与客户的冲突一般不宜采取直接对抗的强制方法，如开始维修人员和客户所持的方法就是强制，站在各自立场寸步不让，对解决矛盾于事无补。而后来服务部经理采取的方法是妥协，即承认对方的部分要求是可以容纳的，主动让一步，但又坚持了本方的部分利益（收取零件成本费），通过协商达成双方都能接受的方案。妥协是解决与客户冲突常用的方法。

　　三、激发建设性冲突的方法

　　当团队内部成员之间很少发生冲突，一团和气时，团队对外部环境的变化就反应迟钝，内部就会缺乏工作改进和创新，对团队的长期发展带来不良影响和慢性毒害。因此，在特定情况下，激发冲突是必要而且有益的。

激发团队建设性冲突的主要方法有以下几方面：

1. 目标升级

当一个团队的工作目标在相当长的时间内处于一种恒定状态时，固然有助于团队的有序运转，但也会使团队或成员因感受不到超常的压力而丧失应有的创造力。因此，当团队运行风平浪静之时，应适时进行目标升级。通过设置有较高难度的目标，至少可以从以下几个方面激发带有建设性的良性冲突。

（1）引发资源重新配置。目标升级后，原有的信息、资金、技术、人员等资源组合方式必将不适应新的形势，这就促使团队成员对现有资源进行重新整合，甚至开发和挖掘新的资源。对有限资源的深度利用将成为团队成员关注的焦点。

（2）带来行动方案修正。团队成员将重新审视原来的工作计划和行动方案。如何选择完成更高目标的有效途径，必将出现"路径依赖"与"另辟蹊径"的观点交锋，最终带来对原有行动方案的调整和完善。

（3）促进协作方式改变。团队成员在追求共同目标的过程中，会随着工作的推进和经验的积累而形成一定的协作方式，并逐渐固化下来。目标升级后，原来在解决较低层次问题时得心应手的协作方式必然会暴露出种种不适应现状，这就迫使团队成员寻求更为高效的协作方式，以进一步提升工作效率。

2. 深度会谈

这是学习型组织理论中有关团队学习的一项重要方法，是指团队成员采取固定时间面对面对话，运用推论阶梯、悬挂假设等工具，每人说出心中的假设，进行集体思考，找出问题的成因，得出超出任何个人的见解，激发团队的潜在智慧。

深度会谈主要针对团队成员存在的习惯性防卫的智障。习惯性防卫的主要表现形式有：为了保护自己，不提没把握的问题；为了维护团结，不提分歧的问题；为了不使人难堪，不提质疑性的问题；为了使大家接受，只作折中性的结论。这些做法恰恰是害怕和回避冲突的具体体现。要改变这种状况，就应该开展有效的深度会谈。

开展深度会谈的一般做法有以下几种：

（1）邀请。要邀请成员主动积极地参加，而不能运用某种手段强迫进行。

（2）建设性聆听。参与者要充分聆听并密切注意别人的发言，特别注意发言中的言外之意。

（3）自我观察。营造一个安静的环境，让自己能观察到自己和团队的思维。

（4）悬挂假设。从全新的角度来探讨自己的假设，探究假设的根源。

要开展好深度会谈，必须具备三个基本条件：一是所有参加者必须将他们的"假设""悬挂"在面前；二是所有参与者必须将彼此视为工作伙伴关系；三是必须有一位辅导者来掌握深度会谈的精义与架框。

3. 保留对立面

做法是适当奖励不同意见者，或任命一名不同意见者。

在有些团队表面上大家相安无事、和谐一致，在所有问题上似乎都能得到"一致的意见"，但是成员之间冷漠、互不关心、精神懈怠、缺乏创意、墨守成规，这比冲突更可怕。

从团队决策的角度而言，任何一个备选的决策方案都是一定主体在一定的条件下拟订的，而一个人的认识能力都是有限的，一个人的意见不可能永远正确，所以最终抉择的方案，一定必须在若干个相反的方案的比较中来筛选。因此，在团队决策过程中，如果只有一种方案，一个声音，这肯定是不正常和危险的，说明团队领导和成员陷入了误区。

因此，要注意保留和保护对立面。要在团队里传递这样的信息，即良性冲突具有合法地位。引入良性冲突机制，营造鼓励冲突的宽松氛围，对于敢于向现状挑战、倡导新观念、提出不同看法和进行独创思考的成员给予奖励；对于失之偏颇的意见和观点，不能轻易批评、指责、嘲笑、讽刺和挖苦，而要冷静分析，挖掘合理内核。

也可任命一名有意或倾向于大多数人的观点和做法背道而驰的人，鼓励他全心全意扮演批评家的角色，从而使意见过于单一化的团队在决策过程中听到另一种声音，有助于阻止团队内的小团体思想和"我们这里从来都是如此"之类因循守旧的辩护。

4. 引进外人

一个团队，如果人员长期固定不变，就会缺乏新鲜感和活力，也会缺少竞争性和压力，团队成员容易产性惰性。团队成员相处的时间越长，就越容易故步自封，忽视外面的世界。

团队管理研究专家拉尔夫·卡茨教授对 50 个团队的研究发现，在研发团队组建后的头两年里，想法的数量很多，过了三四年后，创造性产出就达到顶峰并随后衰减。尤其是进入团队发展的高产期后，团队成员会渐渐越来越着迷于自身想法的优点，并对外界的想法萌生"非我族类"的态度。

针对团队成员长期稳定，人员结构逐渐出现同质化的倾向，为避免创造力退化，应注意吸收新鲜血液，引进外人。外人往往具有不同的态度、价值观和背景，能带来新的观点和技术，有利于激发团队的建设性冲突。

团队应该注意引进具有以下某一方面鲜明特点的外人：

（1）立场观点不一样的人。团队维护表面的和谐往往隐藏着许多潜在的危险，而一个不受成见约束的外人，站在另外一种立场上，通常能够毫无顾忌、一针见血地指出团队中存在的弊端，有利于团队持续健康发展。

（2）思维方式不同的人。通常在一个团队里聚集着一群思维相似的成员，并且思维趋同愈来愈明显，发展下去，成员的个性创新性就会受到遏制，团队产生奇思妙想、产生高绩效的可能性是微乎其微的。而一个思维方式全新的外人的介入，则会像一股清新而有力的风，打开大家创新思维的窗口。

（3）行为习惯迥异的人。其与众不同的为人处世的作风，甚至是一些近乎偏激的行为举止和剑走偏锋的决断方式，都逼迫团队原有成员主动去检视自己过去处理问题的方式方法及其结果，两相对照，探求新的手段和路径。

（4）有特殊技能的人。促进团队成员加强对新知识、新技术、新工艺、新设备的学习、了解、掌握和运用。

总之，引进的新人应该具备新、奇、异的特征，正因为不同，才会激发智慧。

案例学习：鲶鱼效应。

挪威人爱吃沙丁鱼，在海上捕得沙丁鱼后，如果能让鱼活着抵港，卖价就会比死鱼高好几倍。但是，由于沙丁鱼生性懒惰，不爱运动，返航的路途又很长，因此捕捞到的沙丁鱼往往一回到码头就死了，即使有些活的，也是奄奄一息。只有一位渔民的沙丁鱼总是活的，而且很生猛，所以他赚的钱也比别人的多。该渔民严守成功秘密，直到他死后，人们打开他的鱼槽，才发现只不过是多了一条鲶鱼。原来当鲶鱼装入鱼槽后，由于环境陌生，就会四处游动，而沙丁鱼发现这一异己分子后，也会紧张起来，加速游动，如此一来，沙丁鱼便活着回到港口。这就是所谓的"鲶鱼效应"。

学习感悟：团队建设也是如此，如果能够适时把那些富有朝气、思维敏捷的年轻生力军引入到队伍中，就给那些故步自封、因循守旧的懒惰员工和管理者带来竞争压力，才能唤起"沙丁鱼"们的生存意识和竞争求胜之心，从而增强团队的生存能力和适应能力。

【思考与练习】

1. 应对冲突的原则有哪些？
2. 团队冲突的基本方法有哪几种？试举例说明其中一种。
3. 如何激发建设性冲突？

国家电网公司
生产技能人员职业能力培训通用教材

第三章 建设高绩效团队

模块 1 团队解决问题的方法（TYBZ03603001）

【模块描述】本模块介绍了团队解决问题的方法，包含比较分析法、鱼骨图分析法、头脑风暴法、系统分析法四种常用分析工具和背景分析、问题分析、解决方案制订及行动方案实施四个主要工作步骤。通过要点分析、案例练习，了解常用分析工具，掌握团队解决问题的流程和方法。

【正文】

一、常用分析工具

1. 比较分析法

（1）概念及方法。

比较分析法适用于分析对象相对简单的情况。

比较分析法是指对两个或两个以上同类事物进行辨别和对比，揭示其差异和矛盾的一种方法。换句话说，比较分析法就是通过对事物的相同点、不同点对比，再经过去粗取精、去伪存真、由此及彼、由表及里的提炼归纳过程，达到客观、全面、深刻认识事物的方法。

（2）分析流程。

第一步，确定问题。在需要分析的事物中，找出焦点集中、矛盾突出、地位关键的问题，以此作为比较分析的目标。

第二步，选择比较对象。按照同类别且具有可比性选择比较对象。

第三步，找出比较点。从比较对象中找出满足分析需要的关键信息。

第四步，进行比较分析。比较分析常用的三种形式：一是运用数据信息进行比较；二是运用文字描述信息进行比较；三是运用数据和文字信息进行综合比较。

第五步，结论归集。通过比较分析和反馈论证，对事物的状态、水平、趋势等作出结论性意见，为构建新的工作思路打下基础。比较分析流程如图 TYBZ03603001-1 所示。

为使分析活动深入下去，可以配套运用十字表（后续分析法中不再重复）进行。十字表分析，就是画出如表 TYBZ03603001-1 所示的十字线，在十字表的最高处写

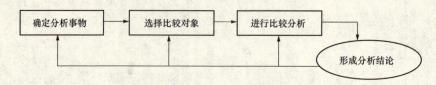

图 TYBZ03603001-1 比较分析流程图

上需要分析的问题，在左侧写上比较对象栏目右侧写上比较描述栏目。比较描述，就是将待分析问题与第一、第二、第三等比较对象的比较点进行比较后，依次形成的简要文字描述，它包括：问题出在哪里、问题表现特点、问题形成原因和解决问题的思路。

表 TYBZ03603001-1   待 分 析 问 题

比 较 对 象	比 较 描 述
第一比较对象特点 第二比较对象特点 第三比较对象特点 ……	（1）问题出在哪里？ （2）问题表现特点？ （3）问题形成原因？ （4）问题解决思路？

案例学习：某团队状况分析。

某团队成立半年，成员表现出了较高的热情，对团队的未来给予了厚望，特别是在大是大非面前，他们的态度非常鲜明、步伐非常协调、行动非常有效，团队绩效因此得到了快速提升。但是，认真观察团队成长过程，也反映出一些值得关注的现象：一是面对重大事情成员之间能够表现出高度的一致性意志，而在常态工作中他们的热情不够饱满；二是工作中习惯听从领导指挥，主观能动性发挥不够；三是成员独立性过强，没有形成彼此依赖关系；四是团队很少开展工作以外的活动，成员之间联系不够紧密。

确定问题，从以上四种现象中提炼中心问题并描述为：团队群体意识不强。

选择比较对象，从群体意识角度选择比较对象：

第一比较对象，A 团队有目的地经常开展工作以外的多种活动，制造故事情节，让每位成员都能从中找到自己的价值，体验到集体的温暖。

第二比较对象，B 团队每周安排一个专题提供给成员学习、研究和准备，然后组织交流，让每位成员讲述自己的学习体会和感悟，然后开展讨论。

第三比较对象，C 团队非常重视成员间的关系改善，制定相关办法鼓励活动，让想发表意见和建议的人能够随时讲出自己的看法，允许成员间为了工作进行冲突性交流。

下面运用十字表 TYBZ03603001-2 进行分析，以便得出解决问题的思路。

表 TYBZ03603001-2　　　　　群体意识不强

比 较 对 象	比 较 描 述
A 特点：制造情节让人人轻松参与 B 特点：提供平台让人人讲述心得 C 特点：创造环境让人人沟通情感	（1）问题：忽视了群体意识培养 （2）特点：习惯独立、疏于往来 （3）原因：缺少活动激发和沟通 （4）思路：创造条件培养沟通习惯

利用十字表分析，每位成员都应该尝试，最后取多数分析结果作为结论。根据表 TYBZ03603001-2 的描述，可以得出这样的结论：某团队要高度重视成员的行为取向问题，创造条件培养他们的沟通习惯，让他们在消除误会、融洽关系的基础上，增强集体荣辱感和使命感。

2. 鱼骨图分析法

（1）概念及方法。

鱼骨图分析法适用于有因果关系的分析对象。

鱼骨图分析法是从结果出发寻找原因的一种方法。之所以被称为鱼骨图，是因为其图形与鱼骨形状相似，有主干、中干和次干之分，这种分层结构有利我们按照一定的逻辑顺序，从主干到中干再到次干依次查找问题的原因。

运用鱼骨图分析法需要满足两个条件：一要依靠群体力量来完成，参与人员涉及面越宽其分析结果越正确；二要以作图方式来实现，鱼骨图如图 TYBZ03603001-2 所示。作图方法是先画出主干并在箭头处写上结果，然后根据群体判断依次画出中干、次干并写上原因。若中干或次干原因出现次数超过两次及以上情况，可用数字标出它出现的次数，一般情况下，出现次数较多的就是我们要找的原因。

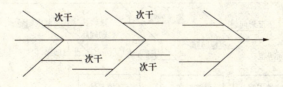

图 TYBZ03603001-2 鱼骨图

（2）分析流程。

步骤一：召集与问题相关且有经验、责任心强的成员一起分析，人数以 5～8 名为宜。

步骤二：在墙壁上挂出一张大白纸，准备几支不同颜色的记号笔。

步骤三： 召集人就会议主题发言，画出鱼骨图主干线并在箭头处写下需要分析的问题。召集人不得事先发表自己的观点（当进入自由发言阶段后可以发表看法），以免限制和干扰他人的正常思维。

步骤四： 成员自由发言（可反复发言）。召集人根据发言内容分别画出中干或次干线并用简练文字描述，若内容重复应用数字标上其出现的次数。当某一成员发言时，其他成员不得插话或质疑。讨论时间大致控制在 1h，当搜集到 20～30 个原因则可结束。

步骤五： 针对鱼骨图中的文字描述，组织大轮回发言，查找重要原因。经过全体成员认定后，将重要原因用红色圆圈标记出来。重要原因可能出现次数较多，也可能出现次数相对较少。

步骤六： 针对已经画上一个红圈的原因，再次组织轮回发言，从中查找更为重要的原因。将重要原因依次画上两圈或多圈红色标记。

步骤七： 挑选出圆圈数多的原因，列为待解决问题。

案例学习： 某团队状况分析。

继续利用上述团队案例进行分析。

鱼骨图分析如图 TYBZ03603001-3 所示，画出主干线并在箭头处写上"群体意识不强"，接下来由成员各抒己见查找原因，召集人或记录人按照原因层次依次作图并标注原因名称，有重复的用数字表示其出现的次数，再通过轮回发言确定圆圈数多的为优先解决问题。

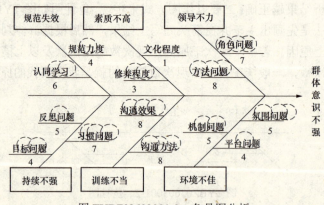

图 TYBZ03603001-3　鱼骨图分析

鱼骨图中圆圈较多的原因分别是：领导角色问题、领导方法问题、工作环境问题、沟通方法问题、沟通效果问题和习惯养成问题。按照十字表分析法要求，在表的左下方写出圆圈数较多的原因，随后征求并综合大家意见，在表的右下方写出解决问题的思路。十字表分析如表 TYBZ03603001-3 所示。

表 TYBZ03603001-3　　　　　　群体意识不强

重 要 原 因	思 路 描 述
领导角色问题	
领导方法问题	培养团队领导
工作氛围问题	营造和谐氛围
沟通方法问题	训练沟通技巧
沟通效果问题	养成沟通习惯
习惯养成问题	

一般而言，十字表分析得出的思路往往会是多个角度，为便于确定关键找到抓手，人们还需要从思路描述中找出事物发展的逻辑顺序。要解决团队"群体意识不强"问题，首先必须解决团队领导的角色和方法问题，只有团队领导合格，才能营造和谐氛围，培养成员的沟通技巧和习惯，激发向上的群体意识。

3. 头脑风暴法

（1）概念及方法。

头脑风暴法适用于需要激发新思路的情况。

头脑风暴法是通过小型会议形式针对一个思考主题，在与会者敞开思想、运用智慧、启发灵感基础上，让各种设想在相互碰撞中激起成员脑海风暴的一种方法。

运用头脑风暴法应遵循的原则：一是不限制原则，主持人不得事先发表自己的观点，更不得加上条条框框。二是不评价原则，当某一成员发言时其他人员不得评价，肯定或否定意见等到会议结束后才能发表。三是不批评原则，无论设想有多大错误，与会人员都不得当时批评；发言时不得采用自谦语言，以免影响风暴思想形成。四是追求数量原则，头脑风暴会议的目的是获得尽可能多的设想，至于质量问题可留在会后论证。

（2）组织流程。

步骤一：确定会议主题。每次头脑风暴会议必须且只能围绕一个主题展开。主题是对问题归纳后的语言描述，它应该相对集中和确定。

步骤二：做好会前准备。会前需要准备的内容包括：收集与主题相关的资料分发给与会人员，以便他们事先了解议题背景、议题动态、议题影响等等。

步骤三：落实与会人选。参会成员一般以 8～12 人为宜，人数太少不利于调动激情、启发思维和形成大量的设想，而人数太多则不容易掌控会场，而且每个人的发言机会也相对减少，同样会影响会场气氛。

步骤四：明确组织分工。要明确一名会议主持人和一名记录员。主持人的作用是：宣布讨论议题和纪律，控制会场秩序，控制会议时间，通报会议进程，归纳核心内容，调节会场气氛，推动会议高潮等。记录员的作用是：将与会人员的所有设想及时编号并简要记录，最好写在黑板等醒目处让与会人员一目了然。期间，主持人和记录员应根据议题进展情况实时提出自己的设想。

步骤五：宣布会场纪律。在会议开始前，主持人要强调会议应遵循的原则，并提醒与会人员积极投入议题，不得消极旁观，不得私下议论；发言要开门见山，围绕议题展开，不讲与主题无关的话等等。

步骤六：启发群体发言。为了尽快调动与会人员的发言热情，主持人可在开始时以一种轻松的话题切入，然后顺势转入会议主题，这样有利于形成头脑风暴。会议时间控制在 30~45min，时间太短与会人员难以畅所欲言，时间太长则容易产生疲劳感。

步骤七：再次收集设想。当会议结束之后至群体设想整理之前，主持人或记录员还应设法收集与会人员在会后产生的新设想。

步骤八：整理群体设想。整理工作有两种方式可供选择：一是组织专家评审，邀请有关专家及与会代表若干人（5 人左右为宜）承担这项工作；二是召开第二次与会人员会议，集体对设想进行评价整理。整理的目的在于选出有价值的设想进行开发实施。

案例学习：某团队状况分析。

根据上述团队案例，可以将会议主题描述为：如何增强群体意识？

会议记录（含再收集设想）中，序号表示与会人员所提设想的编号，当后面提出的设想与前面提出的设想相同或相似时，可进行适当合并。记录群体假设如下：

① 成员心中要有工作目标；

② 领导要倾心尊重和关心；

③ 领导要真诚赞赏和指导；

④ 要营造和谐的工作氛围；

⑤ 成员要有发言权和机会；

⑥ 成员要有工作生活往来；

⑦ 要建立沟通平台和机制；

⑧ 要用故事情节引导沟通；

⑨ 要分享团队和个人成绩；

⑩ 允许有来自工作的冲突。

为便于得出会议结论，下面利用十字表整理会议设想，如表 TYBZ03603001-4 所示。

表 TYBZ03603001-4　　　　如何增强群体意识

群 体 设 想	整 理 设 想
① 成员心中要有工作目标 ② 领导要倾心尊重和关心 ③ 领导要真诚赞赏和指导 ④ 要营造和谐的工作氛围 ⑤ 成员要有发言权和机会 ⑥ 成员要有工作生活往来 ⑦ 要建立沟通平台和机制 ⑧ 要用故事情节引导沟通 ⑨ 要分享团队和个人成绩 ⑩ 允许有来自工作的冲突	① 要认同工作目标 ② 要强化民主行为 ③ 领导要学会赞赏 ④ 要开展有效沟通

通过十字表整理，要增强成员的群体意识，重点应该抓好表 TYBZ03603001-4 中的四个方面工作，这是今后制订解决方案的工作思路。

4. 系统分析法

（1）概念及方法。

系统分析法适用于比较复杂的分析对象。

这里介绍的系统分析是一种研究方略，它是把问题或多种解决方案放在某个系统中，用联系和发展的观点，按照一定流程分析系统、要素、环境三者的相互关系、彼此影响及变化规律，最终得出关键性解决方案。

（2）分析流程。

步骤一：确定问题。明确应该解决的问题是什么，问题发生的时间、地点和所处的环境，问题的症状和特点以及产生的影响及程度。

步骤二：界定系统。科学确定系统的大小和范围及其所包括的要素。

步骤三：关联分析。找出问题在一定条件下的影响范围及趋势，分析其影响规模和力度以及被影响对象所处的状态和变化趋势，构建出初步的解决思路。

步骤四：制订方案。制订初步的多套解决方案，以便评估和择优。

步骤五：评估方案。评估前需要事先拟订评估标准或约束条件。评估标准，是根据评估对象应该达到的多项水准而事先列出的系列条款；约束条件，是方案未来实施将会受到的牵制条件，比如环境、人力、技术、设备、经费等。

评估方案是根据评估标准或约束条件，对被选方案进行论证和筛选，以确定出最后的可行方案。评估工作由评估小组承担，小组成员构成条件：成员要有一定的专业能力和分析能力，成员数量一般以 5~8 人为宜，成员构成要充分考虑主题的代表性，必要时可吸纳对方案有争议的人（问题方、客户代表等）参加。评估活动可选择小型会议形式，开会前应将备选方案发放到与会人员手中，以便他们事先做好准备。评估过程可先采用"头脑风暴"法进行，再通过投票方式确定最后方案。

步骤六：确定方案。投票结果就是人们要确定的方案。应该指出，最后确定的方案并不一定是最佳方案，它应该是在一定约束条件下，通过论证筛选出来的最为可行的方案。

案例学习：锻造问题解决方案的形成。

某厂是以生产汽车后半轴为主的小型企业，年产能力为 1.8 万根。半轴生产包括锻造、热处理、机加工等工序。由于设备陈旧，前几年该厂对某些设备进行了更换和改造，但产能仍然没有提高，为了提高效益，厂方委托 M 团队制订改进方案。M 团队采用系统分析法对企业进行诊断，把半轴生产过程作为一个系统进行解剖分析。通过调查研究，他们得到了几个生产环节的信息：机加工环节，半轴生产能力为 120~190 根/班；热处理环节，半轴生产能力为 70~90 根/班；锻造环节，半轴生产能力为 30~45 根/班。数据显示，锻造环节已经成为半轴生产的"瓶颈"，严重制约着其他环节能力的发挥。所以，当务之急需要提高锻造环节的生产能力。为了弄清楚该环节的主要原因，M 团队对影响锻造环节生产能力的种种因素进行了逐一分析和排查，结果发现该环节的问题主要来自锻造设备生产能力不够。

确定问题。M 团队根据企业实际情况确定了工作目标，即通过对锻造设备的改造，使半轴生产能力提高 1 倍。

界定系统。把锻造环节当作一个系统，与此有关的人、财、物等都是该系统的要素。

关联分析。按照什么级别改造锻造设备，必须结合企业规模、财务能力、技术能力、生产方式、管理模式等综合分析。

制订方案。围绕如何改造锻造设备这一问题，M 团队制订了四个备选方案：一是新装一台平锻机；二是用轧辊代替原有的夹板锤；三是用轧制机和碾压机代替原有夹板锤和空气锤；四是增加一台空气锤。

评估方案。M 团队根据企业的实际情况，提出备选方案的评价标准和约束条件为：资金投资不能超过 20 万元，设备改造必须与人员的技术水平相匹配，设备改造后应该便于维护，改造设备要避免高耗能选择，改造周期要短，经济回收要快等。组织有关人员依照标准或约束条件对备选方案进行比较和评估。

确定方案。根据评估标准和约束条件对备选方案论证为："新装一台平锻机"方案，虽然技术先进，但投资过高超过了约束条件，应该放弃。其余三个方案通过打分方式比较，结果"增加一台空气锤"被确定为最可行方案，尽管该方案技术上不够先进，但符合小企业目前要求。

以上四种方法，是团队解决问题时常用的分析工具，实践中可根据问题的性质、特点和要求灵活选用。下面从流程角度介绍团队解决问题的方法，前面所介绍的分析工具，后续内容中不再重复。

二、团队解决问题的方法

团队解决问题的方法，就是运用分析工具，依次做好背景分析、问题分析、解决方案制订、行动方案实施四个方面的主要工作。

1. 背景分析

背景分析是解决问题的第一个环节，其目的就是要弄清楚产生问题的背景原因，以便在解决问题时将背景因素一并考虑。下面从四个方面介绍背景因素。

（1）市场因素。

第一，需求曲线波动。电力需求市场是广阔的，但它同样存在需求曲线波动。季节变换、经济发展速度变化、区域经济发展差别等都会成为引起供求关系变化的市场因素，只有重视并把握这些规律，才能主动应对状况，从主、客观两个方面寻求问题的根本解。

第二，需求质量变化。当前，客户的社会意识、服务意识和人本意识得到了进一步强化，他们对供电服务质量提出了新的要求：一是要求用电方便，无论报装、检修、配送等，他们都希望得到等价、便捷、稳定的服务；二是要求服务深入人心，无论95598工作，还是检修、抄表等，他们都希望得到及时、准确、规范、贴切、有效的服务；三是要求供用双方零距离沟通，当客户遇到用电问题时，他们希望与供电人员面对面地平等沟通，以消除疑惑、减少压力、解决问题。

（2）经营因素。

第一，经营理念。理念包括思想主张和实现方式两个方面的内容，它在企业的经营活动中占主导地位，有什么样的理念就会有什么样的经营方式，一定的经营理念只能得出相应的经营结果，这是人们分析问题时必须考虑的重要因素。

第二，经营模式。企业的经营模式有三种可能：一是一元发展模式，即把企业当作主要的发展对象来考虑，这是早期的做法。二是双元发展模式，企业把自身发展与员工发展放在同等重要位置，努力寻求企业与员工的双元发展。三是多元发展模式，这里的多元包括社会、企业、员工、客户、同行等，企业把这些因素纳入自己的经营范围，在更高层面上寻求平衡和多赢。

（3）管理因素。

第一，运作机制。机制以制度、规定、办法等形式表现出来，是企业或团队实施过程控制的重要工具。把机制作为背景分析，就是要看它在制约与激励两个方面是否对称，成员对其界定的内容是否知晓，对所规定的条款是否认同。

第二，管理模式。实践中通常有三种管理模式：一是集权管理模式，这是一种落后的管理形式。二是授权管理模式，它是把宏观的、影响全局的权力保留在决策层，其他的权力重心分别向中层和基层下移，让他们在承担任务的同时享有和承担相应的权力及责任。三是民主管理模式，它是以民主建设为基础，在方案制订、过程控制、问题处理等方面高度重视成员的参与效果；以成员的素质提升为条件，通过文化管理来改善企业或团队的绩效。

（4）环境因素。

第一，组织环境。一般而言，组织环境包括两个方面内容：一是组织结构形式，典型的机构设置有"金字塔"式和"扁平"式结构，前者容易导致机构臃肿、信息不畅、反应迟缓，后者减少了层级，有利提高效率、降低成本。二是工作方式，即部门与部门之间的联系方式和工作流程，就是要看他们之间的边界是否开放、信息交换是否通畅、工作链接是否有序、办事速度是否高效等。

第二，人文环境。人文环境是指在一定的规范作用下所产生的企业关系和状态。人文环境主要影响成员与团队、成员与成员之间的和谐程度以及成员所展示出来的精神面貌。好的环境有利于各种关系改善，有利于成员的心态调整，在增强其信任感、归宿感和使命感的同时，能展示出同舟共济、荣辱与共、团结奋斗的竞技状态。

2. 问题分析

问题分析就是结合背景、运用工具对客观存在进行剖析的过程。以下从四个方面介绍分析步骤。

（1）锁定目标。

依照三项原则锁定待分析问题。

一是时序性原则。任何问题都有它的起始原因、形成过程和演变趋势，随着工作推进，它可能会衍生出各种各样的关联问题和枝节，形成比较复杂的问题群。当人们要确定问题时，就应该遵循时序性原则，按照事物发展的先后顺序找出关键问题，以此作为分析目标。

二是地位性原则。运用这一原则的要领：一要关注问题的突出性，在问题群中找出具有影响地位的目标。二要关注问题对事物的影响性，找出直接影响事物发展进程的关键问题。三要关注问题的发展性，把握主要问题的演变方向和趋势。

三是确定性原则。找出具体的而不是抽象、泛化、歧义的问题，要能够清晰地描述问题的轮廓，讲出问题的一些"故事"，明确指出问题是什么以及它的构成因素。

（2）召开会议。

当问题锁定后，应召开会议认定问题并探寻解决问题的思路。让每位与会成员扮演解决问题的能手，针对目标充分发挥想象、激发潜能、寻找可能，形成解决问题的种种设想。专家会议，可通过小型会议形式进行，其步骤同"头脑风暴法"的组织流程。

（3）归纳结论。

所形成的结论是制订解决方案的依据，其归纳方法参照十字表应用。

3. 解决方案制订

（1）制订方案。

根据已经形成的解决思路，可以指定 1～2 人主笔制订实施方案。由于此时制订的是初步方案，可以多制订几套，以便从中挑选和修改。方案形成过程需要体现三个重要环节，即制订方案、评估方案、确定方案。该部分参照"系统分析法"的相关内容。

（2）反思方案。

反思，是对个人状态、行为或已经发生的事情进行再思考，目的在于反省过去、总结经验、汲取教训，产生出新的工作思路。为便于掌握反思程序，可以提出反思公式为："现实状态情况+离标准的距离+存在哪些不足+今后有何打算？"该公式包括四个部分，每个部分都有特定的思考内容，最后落脚点是今后的打算和新思路。这里的公式属于一般格式，四个部分均不能忽略，但根据反思内容的变化，可对相应部分的语言描述作适当调整，以保证反思活动的针对性。

反思活动是在初步确定方案后进行的。反思采取小型会议形式，人数以 5～8 名为宜，可运用"头脑风暴法"组织会议过程。根据反思结论修改解决方案必须实事求是，当发现原则性问题需要改动会议的某项结论时，应该同与会人员交流并得到同意后方可进行调整。方案修改完毕后，应将正稿再次发给与会人员，征求他们是否还有新的想法和建议，直至意见统一后解决方案便可定稿实施。

4. 行动方案实施

（1）团队行动。

有效团队行动应该体现以下三个方面要求：

一是角色定位。首先要对团队组织角色定位，把团队当作战略事业单位，通过企业授权，让它成为具有战略运筹能力、决策能力、开发能力和执行能力的组织。其次要对团队领导角色定位，团队领导不应该是官职的化身，应该与成员保持平等地位，是团队的指导员、协调员和教练员。再次要对团队成员角色定位，所有成员在团队应该享有相应的自主权，实践中能够体现出战略地位。

二是行动方式。一要明确分工，每位成员的职责应该明确、具体、固定。二要合力出击，形成主次分明、配合有力、协调推进的工作秩序。三要主动关心，积极帮助，共同进步。四要共同研究，充分运用群体智慧谋求发展。

三是目标追求。成员必须以自我超越为前提，善于发现、挖掘和运用潜能，将潜在可能变成现实可能；成员在实践中必须以研究创新为条件，积极展开工作试验，以更优的方法和程序完成组织交给的任务。

（2）过程控制。

过程控制，就是对实践行为进行调整和纠正，它贯穿工作的全过程，其目的是保证方案执行的有效性。因此，要保证信息渠道畅通，做到接收及时、传递快捷、处理有效、指导到位；要做好组织控制，凡涉及全局问题、重大事项、紧急事情等，团队应及时进行过程控制，以保证实践活动的有效推进；要做好细节控制，成员应根据具体需要自觉、经常、实时地进行过程控制，这是团队成员必须具备的素质和能力，是过程控制的重点。

（3）反思总结。

反思总结是指团队对方案执行情况的反省和再思考，它一般在两个环节进行：一是实践活动途中，根据工作时间长度和任务需要，可适当组织一次或多次反思活动，目的在于评估前期工作水平，肯定做法、指出问题、明确下一步思路。二是实践活动全部结束之后，组织一次反思活动，目的在于评估整个实践活动质量，提升团队精神、提炼工作经验、找出共性问题、明确成功思路等。

反思总结按以下步骤和要求进行：

步骤一：反思总结采取团队全体会议形式进行，准备一块黑板和一些粉笔，会场不需作特殊布置。

步骤二：主持人宣布反思总结会议开始，并明确会议纪律、原则、时长（同头脑风暴法）和反思公式。此时的反思公式应该是：实践进行得怎么样+离方案要求的距离有多远+存在哪些问题+今后的工作思路是什么。发言内容可涉及典型人物代表。

步骤三：成员自由发言，记录人员将发言内容写在黑板上，记录内容必须让所有成员清楚看到，以便激发头脑风暴。

步骤四：现场归纳发言内容。在征求与会人员看法基础上，将重要内容标注记号。记录人员将反思总结的重要内容记入团队会议记录本，作为团队建设的重要资料。

步骤五：主持人就反思总结情况作点评。点评内容包括：解决方案总体执行情况，成员表现出来的精神面貌及其对团队的影响作用，实践中表现出来的典型人物事例及其对整体实践活动的推动作用，存在的突出问题，今后的工作思路或应该传承的工作经验等等。

【思考与练习】

1. 简述十字表的应用步骤和结果归纳方法。

2. 简述头脑风暴法的应用程序和要点。

3. 简述背景分析对解决问题的意义。

4. 简述团队在执行方案时的行动特点。

模块 2　团队的基本特征（TYBZ03603002）

【模块描述】本模块介绍了团队的基本状态特征，包含组织特征、规范特征、环境特征、行动特征和荣誉特征。通过要点分析、案例练习，熟悉团队基本特征，了解团队应有状态，自觉增强个人角色调节意识和塑造意识。

【正文】

团队的特征是指它的征象和标志，它反映出团队的组织状态，主要表现在以下五个方面。

一、组织特征

1. 目标明确

目标是想要达到的境地或标准，这里主要指团队的发展目标、工作目标、人文目标要明确，且清晰可见、坚定不移，能够被成员知晓、认同和追求。

团队发展目标，是在团队成立之初提出的，通过努力应该达到的某种状态，它包括使命、规模、功能、形象、利益等。发展目标应该清晰明了，便于成员理解和记忆，让他们知道为什么要进入团队，应该向着怎样的方向去努力。

团队工作目标，是根据具体任务提出的。它应该具体可拆分，即总体目标可分解为多个子目标，并把子目标连同责权利落实到各个工作单元，让成员知道干什么、怎么干、干到什么程度，有利于更好地发挥其主观能动作用。

团队人文目标，包括制度体系、成员素质、人际关系、行为方式、精神面貌等，它应该从人的发展角度出发，通过持续地培养、训练、磨合、纠正等实践活动，让成员养成符合团队需要的素质和习惯，形成团队特有的人文特征。

2. 领导称职

领导称职表现在：工作敬业、善于经营，在实践中不断探寻领导规律和方法；性格开朗、善于交流，敢于向成员讲出自己内心的真实想法，并诚心地征求对方的意见和建议；胸怀宽广、善于容纳，能够接受与自己观点不同或相反的意见，并根据需要将它们应用到实践之中；心态平和、善于调适，无论遇到什么状况，都能以阳光心态应对；权力下放、善于授权，将必要的权力交给每一个战略事业单位，并根据需要实时进行指导。

3. 结构合理

这里主要从人员构成角度分析它的特征。成员的性格具有多样性，彼此之间能够形成互补关系；成员有相似的爱好、共同的追求和强烈的事业心，以此作为达成目的的基本条件；成员除了必须具备一定的技术专长条件外，还应满足技能搭配要求，以提高团队技术构成水平；成员的商情（智商和情商情况）搭配合理。

4. 形象完整

团队经过一段时间的训练和磨合后，要树立起自己的形象。成员有良好的精神面貌，有规范的工作习惯，有自律的处事行为，有快捷的办事效率，有和谐的人际关系，有合作的实践方式，有攻关的研究能力……在平凡的工作岗位上创造出不平凡的业绩，无论个体还是群体都能向社会展示团队的风范和形象。

案例学习：漂流的蚁球。

蚁球是蚂蚁集结成团的形状。当洪水到来时，蚂蚁会密密匝匝地紧紧抱在一起，大的蚁球有篮球一样大小，小的也有足球一样大小。为应对洪水，蚁球会随波漂流，期间蚁球外层有些蚂蚁不断被浪头打开，但其他蚂蚁依然紧紧抱着一团，如果它们能够靠岸，大多数的蚂蚁便得救了。当漂流的蚁球抵达岸边时，蚁球便一层层散开，像打开的登陆艇一样，蚁群迅速而有秩序地一排排冲上江堤，实现胜利登陆。

学习感悟：在浩瀚的洪水中蚁球虽然渺小，也存在不可预测的危险，但他们依靠心中的目标、组织的力量、严谨的秩序、有力的行动，诠释了自己的生存之道。团队如同蚁球一样，时刻也会面临各种考验，只要坚定信念、牢记目标、保持秩序，一切问题都将迎刃而解，这是团队的内在力量，也是团队有别于其他组织的重要标志。

二、规范特征

1. 规范科学

一是规范系统。制度、规定、办法等涉及的内容比较全面，能够满足团队建设和常规工作需要；单项规范与各项规范之间应该思想贯通、体系科学、结构完整，其力量指向应该明确、集中。

二是标识科学。团队标识做到系统思考、精心设计，不是随意拼凑和借用；标识应反映团队实际，有它的特殊寓意和要求，一旦成员进入特定的环境，佩戴熟悉的标识，就会由衷地焕发出责任感和使命感。

三是用语贴切。工作用语应标准化、职业化、通俗化，让人感受到团队的规范力和亲和力，比如"您好"、"这是我们的事"、"交给我们您放心"、"我们一起研究"等等。

2. 认同有效

所有规范来自基层，有自下而上、自上而下的宣传、学习过程，能够被成员理解、接受和认同，较好地将团队需要转化为自我需要，在工作中自觉执行和使用。

3. 约束有力

公正考核有利于增强规范的约束力，团队应做到考核过程公正，无论对待领导还是普通成员，都使用同一尺度、同一标准、同一要求；做到考核结果公开，无论什么结果、谁的结果，都能向所有成员公开，让他们感觉到公正、公平。

4. 习惯养成

成员能自觉运用规范约束自己，养成稳定的行为习惯；在持续地执行任务过程中，即使遇到新困难、新问题、新状况，都能以意志的力量将规范坚持下去；当遇到规范没有覆盖的细节问题时，成员能够从大局出发，将规范要求向细节延伸，创造性地实现团队工作目标。

案例学习：锁着的冰柜。

张先生担任美国可乐公司上海部人事经理的第一天，发现办公室里的大冰柜上挂着一把大锁，紧紧地锁着各种饮料，看上去有些别扭，于是问外籍总经理："为什么把冰柜锁起来？"总经理说："本来饮料放在冰柜里，是供所有雇员和外来客人随时享用的，但每次我们将冰柜装满，一转身冰柜就空了。这冰柜简直成了'无底洞'。所以，只能把冰柜锁起来。"总经理说，全世界可乐公司的冰柜都可以不上锁，唯独在中国做不到。张先生本能地对总经理讲："这不是人的素质问题，是管理问题。"总经理反驳道："你讲什么大话？照你这么说，这不是你们上海人的素质问题，那么请你管理给我看看，好吗？"

第二天总经理召集全体员工开会，张先生对大家讲："昨天总经理告诉我，在全世界包括越南、菲律宾等国家，可乐公司的冰柜都是不上锁的，而在中国，在上海这样一个举世瞩目的大城市却做不到。有人认为这是上海人的素质差，而不得不这么做。但我认为这不是人的素质问题，而是管理问题。如果大家不清楚公司对饮料饮用的管理要求，一定会在饮用时出现一些混乱。为了我们不被人瞧不起，我昨天主动向总经理提出让我与大家一起就饮料管理问题讲几句。希望大家配合我，支持我把冰柜上的锁拿掉！""从今天开始，放饮料的冰柜门不再上锁，大家可以在工作时间随时享用饮料，但只能饮多少拿多少，禁止任何人将饮料带回家。在头3个月里，如果发现有违反规定的现象。我们会提醒大家注意。"话音未落，员工就异口同声地说："不用从第三个月开始，从今天起我们就能做到。"

短短几分钟的沟通，整整锁了两年的冰柜从此永远打开了！公司里由一个冰柜变成了每个楼层都有冰柜，再也没有发生过饮料异常短缺的事。

学习感悟：任何事情都是如此，混乱出在约定缺失，秩序源自要求明确，要想大家步调一致地干成一件事情，就必须有事先的理由、要求和认同；每个人都有天生的自尊心、进取心和荣誉感，基于这一可贵的天赋，我们可以创造许多故事情节，让成员从中得到训练和提高，用有效行动来体现规范要求；从某种意义上讲，规范就是一种力量，对内它有约束成员的作用，对外它有感动他人的品质，只要重视并加强规范训练，一个具有鲜明特征的团队就会应运而生。

模块 2

TYBZ03603002

三、环境特征

1. 工作环境和谐

成员的办公（作业）场所、使用工具、办事程序、工作对象等应该与人和谐，有利于工作开展，提高办事效率，比如整洁、开放、文化氛围浓厚的办公场所，不仅激励成员潜心工作，而且还能向社会展示自己的形象；拥有良好的人际关系，成员能够平等相处、心理轻松、沟通自如、友好往来，形成配合有序、支持有力的工作局面。

2. 心理共振形成

建立起志同道合、工作相依、共谋发展、协同进步的伙伴关系，由此产生由个体到群体的聚合效应；在工作之中或工作之余，成员形成彼此理解、支持、帮助等感情，以此作为联系成员的强劲纽带；成员在心理上产生积极的默许和期待，彼此之间默许对方给予帮助，期待队员成长、思想交流和多边共赢。

3. 信息共享有效

成员表现出平等、愿意、经常、自如等共享习惯，能够用谦虚的态度、平和的语气、探讨的语调、亲和的姿势等快速传递和分享信息；能够尽量利用信息资源，通过学习和内悟，达到丰富自我、完善自我、发展自我、借鉴经验、纠正错误、避免危险、提高效率的目的。

案例学习：伙伴的意义。

20世纪80年代，安利在北美市场历经了一场自创立以来最严峻的考验，一是遭受加拿大国税局刁难，展开了长达6年多的法律诉讼；二是安利因此在商誉上受到了前所未有的损害，一些新闻媒体甚至以偏颇不公的方式对安利加以批评指责。

在那段困苦的日子里，两位创办人依靠的是坚贞友谊和彼此信赖，杰说："我们时时牢记40年的友谊，以相互都能理解的方式，平和地处理这些烦人的事。如果我们两个先窝里反，那么，我们辛苦建立的事业就要毁于一旦"。

当时，若选择抛弃安利在加拿大公司的资产，损失会更小，而他们更看重安利的10余万个直销商和数百名员工的出路以及安利对他们的承诺。在此期间曾有一家日本商社提出以优厚条件收购安利公司，两位创办人只要转手即可赚到10亿美金，但他们最后还是拒绝了。杰说："不肯卖掉安利公司，绝对不是舍不得抛弃自己创办的企业，我们之所以坚持与安利公司同在，是因为对安利的基本理念，我们仍是信心十足，愿意和当年的创业伙伴休戚与共，福祸同享"。

两位创办人理查·狄维士及杰·温安洛以伙伴关系建立了安利公司，他们还将相互信任、通力合作的伙伴关系扩展到了安利创办人家族、安利直销商以及安利员工之间，从而形成了安利坚持不懈的重要价值观。

学习感悟：伙伴关系的建立是需要付出代价的，也就是说要经历实践和困苦的考验，只有这样才能根基扎实、底蕴深厚。有了真正意义上的伙伴就等于有了勇气和力量，在彼此依赖、鼓励的基础上，没有战胜不了的困难。建立伙伴关系必须从自己做起，只有自身愿意、以心相许才可能建立起真正的友谊；团队的伙伴关系形成需要有一个由点到面的过程，在榜样持久地示范作用下，必将建立起更加广泛的伙伴关系，这是人人期待的和谐环境。

四、行动特征

1. 狼群精神

狼最伟大的品质就是它的合作精神，可以说狼群的行动过程就是一个典范的合作过程。我们把狼群行动特点引入团队，就是强调团队成员应该具备合作制胜、彼此忠诚、善于沟通、自我牺牲的精神，通过密切合作放大团队功能，追求卓越绩效。

2. 迅速果断

对团队而言，能做到立即反应、马上行动，用第一速度发现信息、发现契机、发现问题，用第一速度抓住机遇、抓住关键、抓住本质，用第一速度解决问题、推动工作、发展绩效，只有这样，才能最大限度地完成团队任务、保证工作质量、满足客户需要，充分体现团队的战斗力和生命力。

3. 各负其责

成员有强烈的责任意识，时刻表现出对事情的深度关注，一旦接受任务，就会倾心对待、努力工作，自觉把握好每一个细节；有可靠的责任能力，善于对事态的可能变化作出种种预测，并在实践中主动防范和纠正，以保证任务顺利完成；有可信的责任质量，能够表现出让上级组织放心的自信能力，以一丝不苟、精益求精的工作作风，努力追寻更好的工作绩效。

案例学习：95598。

某日下午突然电闪雷鸣风雨大作，晚上待气象条件好转后，我打开电视机准备看新闻，发现屏幕颜色异常，以为电视机出了毛病，马上关机；随后转入房间打开电脑，发现电脑颜色也不正常，再次关机。我坐在客厅里想：是什么问题？怎么办？

我开始怀疑电压问题了，瞬间的念头让我想起了95598，于是电话接通了95598话务员，对方询问过情况后说：您在家里等候，马上会有人与你联系的；不到5min电话来了，在听完我的介绍后，对方肯定地告诉我说，你先关掉家里的所有电源，到户外电表处等着我们。

不到 10min，工作人员赶到了现场，马上测量输入电压和输出电压，当测试完毕后告诉我说，电压都没有问题，你放心吧。

既然电压没有问题，我就可以大胆地开电视机了，当电视机预热一会儿后，原先的异常颜色现象便消失了。

学习感悟：工作是要讲速度的，有了速度才有质量和效果，特别是服务客户、为客户排忧解难时，更显得速度的重要；速度是行动的节奏，是责任的体现，是团队的风范，只有在多方面体现了第一速度，才能彰显团队的特色，才能赢得工作质量和客户的好评。

五、荣誉特征

1. 以队为荣

成员在意团队荣誉，并把争取或维护集体荣誉作为自己的崇高责任；能够表现出敬业、精业和乐业精神，心甘情愿地为集体荣誉作出自己的贡献；能够从集体荣誉中分享幸福和快感，把集体荣誉当作自己的名誉一样来珍惜。

2. 以事为荣

成员能够把自己负责的事情当作团队整体工作的一部分，以大局为重，通过创新个人绩效来实现团队价值最大化；把集体利益作为自己的最高目标，做到恪尽职守、执着追求，以过硬的工作质量保证整体利益，当团队事业获得成功时候，自己由衷地产生出一种伟大的成就感。

3. 以人为荣

团队是一个由多成员构成的集体，其功能强弱取决于个体质量及其之间的搭配关系。以人为荣，就是要更多地关心他人成长，当伙伴取得进步时，成员能为之高兴和自豪；更多地关心集体成长，把个体素质提高和成员结构优化，作为自己的期待和荣誉。

4. 以己为荣

这里主要指成员的职业计划实现和自身的成长性。成员既能坚持职业计划指导，自觉投身到实践中磨砺和修炼，使自己逐步向计划目标靠拢，又能珍惜自己的每一次进步，并把它转化为渴望、追求、自信和荣誉，激励个人更快成长。

案例学习：愿当配角。

其实，第一次登上月球的太空人有两位，一位是大家熟悉的阿姆斯特朗，另一位是奥德伦。当时阿姆斯特朗所说的一句话："我个人的一小步，是全人类的一大步。"早已成为全世界家喻户晓的名言。

在庆祝登月成功的记者招待会上，有位记者突然向奥德伦提出一个很特别的问题："由阿姆斯特朗先下飞船，成为登陆月球的第一个人，你会不会觉得有点遗憾？"

在全场目光的注视下，奥德伦很有风度地说："各位，千万别忘了，回到地球时，我可是最先出太空船的。"他环顾四周笑着说："所以我是由别的星球来到地球的第一个人。"

全场给予了他最热烈的掌声。

学习感悟：在团队，任何一件事情的成功都需要全体成员的配合和努力，当成功的喜悦到来之时，不要过于计较个人的角色和名誉，应该以集体的成功和荣誉为重，这是一个人最可贵的品质和境界，更是一个团队整体素质的综合表现。

【思考与练习】

1. 特征是团队的重要标志，试叙述学习它的重要意义。

2. 团队的组织特征中，你认为哪些更重要？为什么？

3. 团队的规范特征中哪些内容更能反映整体面貌？为什么？

4. 简述落实成员责任对整体工作的意义。

模块 3　失败团队的成因（TYBZ03603003）

【模块描述】本模块介绍了团队失败的原因，包含领导核心、心智模式、成员士气、责任意识、凝聚能力五个方面。通过要点分析、案例练习，了解团队失败的原因，增强认识问题、履行责任和改善习惯的能力。

【正文】

团队经过一段时间的磨合运行，其功能不仅没有得到应有发展，反而逐渐萎缩，直至最后失败。究其原因，主要表现在以下五个方面。

一、没有领导核心

1. 放任自流

团队领导者管理意识和责任意识不强，没有配套的管理措施，甚至为了大家和气而放弃原则。当某些成员的行为与团队要求相违背时，不能及时进行干预、引导、协调和处理，任消极因素蔓延，导致大多数成员方向迷失和目标丧失，使他们觉得团队没有主心骨和核心。

2. 独断专行

领导者主观意识过强，工作作风武断，从不与成员交流思想、讨论工作，也听不进成员的意见和建议，工作气氛紧张，成员受尊重感降低、情绪低落、逆反心理严重，尽管大家每天周而复始地忙碌，但工作效率不高。

3. 方法失缺

主要表现为领导者的工作方法过于僵化。无论成员思想状况如何，面对问题多么复杂，情况发生什么变化，领导者习惯用固定的思维模式和方法去处理，缺乏解决问题的主意、思路、技巧和新意。这种僵化的工作方法，可能销蚀成员的斗志，降低他们对领导者的信心。

案例学习：做汤的故事。

某天，有位装扮成魔术师的陌生人来到一个村庄，他向迎面而来的妇人说："我有一颗汤石，如果放入烧开的水中，会立刻变成美味的汤来，我现在就煮给大家喝。"

一会，有人找来一口大锅，也有人提来一桶水，并架上炉子和木材就地煮了起来。

陌生人很小心地把汤石放入滚烫的锅中，然后用汤匙尝了一口，很兴奋地说："太美了，如果再加入一点洋葱就更好了。"立刻有人冲回家拿来了一堆洋葱。陌生人又尝了一口说："太棒了，如果再放些肉片就更香了。"又有人快速回家拿来一些肉来。"再有一些蔬菜就完美无缺了。"陌生人又建议道。在陌生人的指挥下，有人拿来了盐，有人拿来了酱油，也有人拿来了其他佐料。

当大家一人一碗蹲在那里享用时，他们发现这真是天底下最鲜美、好喝的汤。

学习感悟：其实，陌生人的那块石头是从路边捡来的，也没有什么神奇之处。好汤不是来自石头的功效，而是陌生人指挥得当，大家行动的结果。团队建设和发展，需要领导者有凝心聚力的能力，有良好的工作作风、方法和管理技术，只有最大限度地调动成员的积极性，才能为团队注入强大的活力。

二、成员智障严重

1. 习惯错乱

团队没有把成员的习惯训练当作建设性工作来做，虽然制订了规范文件，但没有认真落实，成员仍然按照自己的想法、喜好和习惯行事。由于训练工作不到位，成员的习惯素质没有得到改善和提高，其行为表现仍然是杂乱无章、秩序紊乱，不能形成应有的组织合力。

2. 氛围沉闷

团队不重视成员的积极性发挥和价值实现，在较大程度上抑制了他们的工作激情，特别当消极情绪蔓延时，他们习惯对身边的一切保持冷漠态度，讨论问题时会经常冷场，即使是重要议题，也不愿意主动发表自己的真实看法；工作之余成员之间很少联系和往来，他们感受不到团队存在的特别意义。

3. 沟通不畅

团队没有重视成员间的沟通习惯和方法培养，他们普遍存在沟通障碍，在思想上常表现为一种封闭状态，不愿意向对方敞开自己的心扉，有想法不愿意表达、有意见不愿意交流、有经验不愿意共享、有问题不愿意提醒……导致团队信息传递受阻，思想交流不畅。

4. 合作无效

团队没有建立起成员之间的事业伙伴关系，导致团队目标感和集体荣誉感淡化。工作习惯单打独斗，没有主动帮助他人和配合他人工作的习惯，当同事需要帮助时，常常认为是额外负担；当角色分配不满意时，更多表现为消极行为。

案例学习：落网群鸟

有位猎人在湖边张网捕鸟，一会有很多鸟飞入网中，猎人非常高兴，马上去收网抓鸟，没想到鸟的力气很大，反而带着网一起飞走了，猎人只好跟在网后面拼命追。

一位农夫看见后笑着说："算了吧，不管你跑得多快，也追不上会飞的鸟呀。"

猎人坚定地说："不，你不知道，如果网中只有一只鸟，我就真追不上它，但现在有很多鸟在网中，我一定能追到。"

到了黄昏，所有的鸟都想回自己的"家"，有的要回森林，有的要回湖边，有的要回草原。由于网中的鸟各奔东西，于是就随着网一起落地，只能被猎人活捉。

落网之初，众鸟为了活命，齐心协力，目标一致，得以逃脱，这是集体的力量。但是到了傍晚，众鸟各怀私念，合力为零，终于难逃厄运。

学习感悟：如果团队成员各自都精于自己的小算盘，按照个人想法和既有习惯支配自己的行动，就不可能产生符合团队需要的行为习惯，也不可能实现彼此之间的有效合作，最后终将沦落为落网之鸟下场，导致团队走向衰亡。

三、成员士气低落

1. 精神不振

团队没有树立让成员由衷向往的集体愿景，他们普遍对团队和自己的未来感到茫然，工作缺少激情和活力，多表现为被动地服从、被动地执行，不能发挥自己的主观能动作用；当团队获得荣誉、成员得到成长、自己有所进步时，也难以提振精神。

2. 猜疑心重

团队不重视成员的思想疏导，导致不良风气蔓延，成员戒备心理严重，处处谨小慎微；在共同执行任务时，彼此之间不能表现出积极姿态，担心一时不慎给自己引来责任纠纷；当自己取得成就或收获喜悦时，也不愿意让他人分享，免得带来不必要麻烦。

3. 追求淡化

团队不重视成员的职业计划制订与实现情况，他们感受不到在团队工作的价值与前途；他们没有明确的奋斗方向，工作上多表现为盲目地追随者；他们没有持续的工作动力，实践中容易出现执行疲劳；他们没有规范的行为模式，在前行道路上容易进行随意性改变。

案例学习：疑邻偷斧。

从前，有位农夫在地窖里存储种子时，将一把斧子遗忘在那里。几天后，他需要用斧子时，才发现自家的斧子丢失了。

农夫找遍了自家的门后、桌下和柴草堆，仍然没有找到那把斧子，他怀疑是邻居家的孩子偷去了那把斧子。

于是，他仔细观察邻居家的孩子，觉得是那孩子偷了自己的斧子：看孩子走路的样子，很像是偷了斧子的，不仅如此，连孩子的神态、动作、表情也很像，甚至说话的声调都像偷了斧子一样。总之，越看越像，几乎可以肯定就是孩子偷了自己的斧子。

几天后，农夫到地窖里取物品，当他再次进入地窖后，发现那把丢失的斧子正躺在那里。

第二天，农夫再观察邻居孩子的时候，那孩子的一举一动、一言一行，就连笑的神态，一点都不像偷斧子的样子了。

学习感悟：在人们的生活和工作中，许多矛盾都是由猜疑心理引起的，有的企业在教育职工时曾这样提出：矛盾的98%是误会，误会不解除，矛盾只会越来越大。怀疑，是心中的魔鬼，它影响自己对他人和事情的正确看法以及处世行为，当成员之间猜疑心重、疏于往来、关系僵化时，领导者就应该给予高度重视并加以积极引导，让他们放下心里的包袱，轻松地去做好自己的工作，否则，任消极情绪蔓延，必将导致团队失败。

四、责任意识淡薄

1. 规范失效

以制度、规定、办法、标准等为内容的规范性文件不健全，致使许多方面存在管理真空；团队现行规范更多体现为领导者的一厢情愿，没有组织成员有效学习和认同，他们对规范内容存在不知道、不理解、不接受的成分；实践中不能坚持规范的原则性，致使现行规范对成员的约束、激励作用不大。

2. 利己泛化

团队忽视成员的思想境界教育，他们的集体感不强，不能正确对待个人与集体利益关系，当个人利益与集体利益发生冲突时，习惯将个人利益置于集体利益之上；不能正确对待他人利益与自己利益关系，当个人利益与他人利益发生冲突时，首先看重的是自己利益；不能正确对待工作与利益的关系，习惯将利益摆在第一位。

3. 执行不力

团队没有重视成员的执行意识和执行能力培养，他们仍然保持着以往的工作态度、状态、方式和习惯。工作中，成员的主观能动作用没有发挥出来，不能快速、正确地领会团队意图，并以有效行动坚持下去；他们的进取精神没有激发出来，不能以顽强的意志能力去追寻更好的工作结果，特别当工作遇到问题和困难时，容易产生敷衍行为，使工作半途而废。

案例学习：不言放弃。

松下幸之助是日本松下电器公司的总裁，他出身贫寒。年轻时，他到一家电器工厂去谋职，人事主管看着面前的小伙子衣着肮脏，身体瘦小，觉得不理想，信口说："我们现在暂时不缺人，你一个月后再来看看吧。"这本来是个推辞，没想到一个月后他真的又来了，如此反复了多次，主管只好直接说出自己的态度："你这样脏兮兮的是进不了我们工厂的。"于是，他立即回去借钱买了一身整齐的衣服穿上再来面试。主管看他有些实在，只好说："关于电器方面的知识，你知道得太少了，我们不能要你。"

两个月后，松下幸之助再次出现在主管面前："我已经学会了不少有关电器方面知识，您看我哪方面还有差距，我一项项来弥补。"主管盯着态度诚恳的他看了半天才说："我干这一行几十年了，还是第一次遇到像你这样来找工作的，我真佩服你的耐心和韧性。"

松下幸之助不轻言放弃的精神打动了主管，他得到了这份工作，并通过不断努力逐渐成为电器行业的非凡人物。

学习感悟：执行的力度需要用坚持来体现，而坚持下去就可能得到积极的结果。松下幸之助的求职经历和事业成就，生动地体现了不轻言放弃的坚持精神。在团队建设和发展进程中，将要面对来自多方面的各种困境和考验，如果全体成员有强大的执行能力，就会自觉以大局为重、以事业为重，认真履行职责，以坚韧不拔的毅力去解决难题，以集体力量去赢得成功，反之，团队在前行道路上就会步履维艰，甚至会失败。

五、团队凝聚无力

1. 方向不明

团队没有树立令全体成员由衷向往的奋斗目标，即使有目标，也可能是脱离实际或领导者主观臆造，成员难以从中找到与己有关的感觉，因此，不能被全体成员接受或认同，不能真正起到导航、凝聚作用；团队不能将总体目标进行科学分解，形成可接受的梯级目标体系，致使成员看不到前途、找不到感觉，实践中容易表现出盲动行为。

2. 标杆缺失

团队没有树立相应的工作标杆，在团队建设、人文关系、精神风貌、职业生涯、绩效发展、技术能手等方面没有培养可供成员学习的典型人物，不能反映组织的倡导思路，导致成员方向迷失、行动分散、凝聚无力；没有建立人人争做标杆的激励机制，不能反映成员自我实现的心理需要。

3. 认同无效

主要指成员对团队发展纲领、建设目标、工作方案、行动方式、组织文化、规范体系、人际关系等认可程度。认同无效，就是团队没有组织成员对以上内容进行认真学习和理解，组织意图没有被成员领会，在要求与认同之间存在方向和程度上差距，实践中出现两张皮的管理现象。

4. 关系疏散

团队没有重视人际关系建设，不能运用活动有效提高和增强他们的集体意识和伙伴意识，个人心理环境没有得到真正的洗礼和营造，集体观念淡薄、伙伴意识不强、交往能力较弱，导致成员之间关系松散、凝聚无力。

案例学习：高产玉米。

有位小伙子从北方带回一些玉米良种，但他摸不透这些种子是否真的能高产，就在自己的责任田里试种了一小块，到了收获的时候，这块地里的玉米产量比往年翻了一番。

村民们知道这件事后，纷纷来到小伙子家里，要求购买他的良种，可是无论怎么说，小伙子就是不答应卖给玉米良种。

第二年播种的时候，小伙子将自家的责任田全部种上了这些玉米良种，等待着丰收季节到来。没有想到的是，这些良种玉米不但没有丰收，反而比普通玉米的产量还要低。小伙子百思不得其解，甚至怀疑村民们暗中对他的玉米动了手脚。

一次，乡里来了位农业技术员，听说此事后，便去实地看了看，然后对小伙子说："这是良种玉米接受了附近普通玉米的花粉所致，假如大家都种上了良种玉米，就不会出现这样的结果了。"

学习感悟：第二年，之所以小伙子的良种玉米收成不佳，关键是没有得到大环境的支持，然而，大环境是大家营造的，小伙子的狭隘种植观念显然不利于大环境的形成。团队建设也是如此，只有每位成员改变了不良习惯，将团队视为自己的归宿，将成员视为自己的伙伴，以大集体观统领自己的思想、支配自己的行为，形成成员与成员之间、成员与团队之间的紧密关系，才能有团队和个人的发展，否则，成员各行其是，组织疏散无力，团队就会缺乏应有的活力。

【思考与练习】

1. 简述领导者的工作作风对团队发展的影响。
2. 简述成员习惯对团队发展的影响。
3. 试分析成员精神状态对团队发展的意义。
4. 试分析成员执行不力对团队生命力的影响。
5. 影响团队凝聚力的因素表现在哪些方面？为什么？

模块 4　高绩效团队的特点（TYBZ03603004）

【模块描述】本模块介绍了高绩效团队的特点，包含愿景感召力、文化凝聚力、行动执行力、团队学习力、自主创新力、规范约束力、意志领导力和工作反思力八个方面。通过要点分析、案例练习，熟悉高绩效团队的特点。

【正文】

高绩效团队的特点是成熟团队的重要标志，它反映出团队的自组织效果和工作效率，主要表现在以下八个方面。

一、愿景确切有感召力

愿景的树立与执行，是打造高层次共同体的需要，是高绩效团队的目标特点。

1. 愿景的概念

愿景是人们心之向往的意象和景象，是一种深受感召的力量，这种力量来源于成员的深度关注，让人难以抗拒，以至没有人愿意放弃它。愿景有共同愿景和个人愿景之分，团队愿景称为共同愿景，成员愿景称为个人愿景。愿景包括三个要素即价值观、使命、目标。树立愿景应该回答三个问题：一是我要追寻什么？二是我为什么追寻？三是我如何追寻？

2. 团队愿景特点

高绩效团队的愿景，应该切合实际树立，让人觉得亲切可见，能够明确回答上述三个问题，并以价值观作为最高准则；把成员对愿景的学习和认同当作建设性工作来做，把团队追求变成个人需要，把个人憧憬变成工作思路，保持个人愿景与共同愿景的一致性，成员由衷地接受愿景指导；重视愿景对成员的导向作用、凝聚作用、激励作用和规范作用，把抽象描述变成具体抓手，确实用它感召成员心灵、匡正个体行为、纠正工作偏差、化解前行困难，努力实现个体发展性与团队前进性相统一。

案例学习：梦想成真。

人们希望飞翔天空的梦想，在莱特兄弟发明飞机后得以真正实现。

莱特兄弟尽管经历了无数次的试飞失败，经常遭到众人的冷嘲热讽，但他们丝毫没受影响，每天仍孜孜不倦地热衷于飞机的研究与制作。历史性的一天终于来临，莱特兄弟将最新制作的飞机推到跑道的尽头，发动引擎，飞机的螺旋桨随之急速运转，可是隆隆不绝的引擎噪声，却盖不住围观者发出的嘲讽声浪，他们竟然不约而同地大声叫着："飞不起来，飞不起来……"

但是，莱特兄弟制造的第一架飞机，在跑道上顺利腾空而起，当机轮离开地面的那一刻，整个机场一片宁静，大家望着在天空飞翔的莱特兄弟，根本不敢相信自己的眼睛。机场上的宁静持续不到5min，许多人又高声呐喊："降不下来，降不下来……"

学习感悟：莱特兄弟的成功，就在于他们对目标锲而不舍地追求，即便失败千百次、遭到别人的不信任，也会坚持下去直至成功。高绩效团队愿景的特点也是如此，当人们由衷地树立愿景之后，就应该不弃不离、忠诚执行，以开拓进取的研究精神、百折不挠的实践精神、勇于探索的创新精神，去追求梦想、追求目标，追求团队和自己的价值。

二、文化鲜明有凝聚力

这里特指团队文化，它是组织发展的必由之路，是实现管理的最高形式，是高绩效团队的管理特点。

1. 团队文化概念

团队文化，主要指成员共有的价值观、信念、使命及行为方式，其核心是价值观。高绩效团队应该有自己的文化，并以此区别其他的组织形式，展示其特有的价值体系、组织功能、团队形象、管理方式、工作绩效等。团队文化应该是结合实际有针对性地提出建设方案和要求，并把立足点和出发点奠定在全员参与基础上。团队文化不会一蹴而就，它需要对成员长期的训练、磨合和规范，当他们逐步认可团队主张，将团队的价值观、信念、使命及行为要求内化为自觉需要，并产生出稳定的行为习惯时，团队文化便开始形成，此时团队应该弥漫着特有的文化氛围，在它的作用下，成员达到无为境界，实现高度的自主管理。

2. 团队文化特点

一是善于学习。应该体现工作学习化、学习工作化的特点，即把工作的过程看成学习的过程，把学习当作一项必要的工作来做，这种学习应该以全员参与为基础，以学习后能够产生新行为为条件。

二是善于共享。成员养成自愿交流的习惯，并希望在信息互动中得到学习和提高；掌握一定的交流方法和技巧，使自己想交流的内容自如地交流出去，使接受者能够轻松地接受并由衷地分享；把信息共享当作一项必要的工作来做，让它贯穿所有的过程和环节。

三是善于创新。敢于突破思维的局限、落后的习惯、陈旧的规则，以意识超越、思想超越、能力超越、行为超越为途径，实时运用信息，改进工作，创新绩效。

四是善于发展。重视以速度求发展，讲究学习的速度、能力提升的速度、办事的速度、变革的速度等，始终用"自己进步的速度大于环境变化的速度"标准追求团队发展。

五是善于反思。反思文化弥漫整个团队、贯穿工作过程，成员有自觉反思的习惯，时时处处体现反思的过程和效果。

案例学习：一根小木块。

从前，有个懒惰的年轻人，想知道自己凡事提不起劲的原因，便找到了一位大师。大师听完年轻人的说明后，便带他来到附近的一条铁路旁边。

一个老式的蒸汽机火车头此时正停在那里。大师拿着一块大小约 12cm 见方的木块，走到铁轨边，将小木块放在火车轮子与铁轨之间，并让木块紧紧地卡住轮子，随后，大师示意年轻人启动火车头，只听到汽笛高声响起，蒸汽机的动力已经全部开启，可是火车头就是不动。这时，大师走到铁轨边拿走了木块，就见到火车头即刻动了起来，缓缓加速前行。

此时，大师笑着对年轻人说："就这小小的木块，让这个时速可达 100km 以上，连一堵 1.5m 厚的墙都能够冲过去的火车头寸步难行。年轻人，你内心的火车头被什么样的小木块阻住了呢？除了你自己之外，没有任何人能够帮你拿掉你的惰性，当然也包括我在内。"

年轻人听了大师的话，内心大受震撼。从此以后，他不断地行动，绝不让自己停顿下来，不仅克服了自己的惰性，还创造了无比惊人的事业。

学习感悟：要使高绩效团队具有强大的凝聚力，必须从每个成员自己做起，一要认真地内化组织的价值观，使自己的行为取向与团队的要求一致；二要自觉地克服内心深处的种种障碍，亲自动手拿掉心中的那个"小木块"，让自己真正地启动起来；三要在价值观的导向前提下，努力培养自己的习惯，善于克服不良习惯的干扰，以新的习惯支配自己的行为。

三、行动出色有执行力

执行力是能力、纪律、毅力、境界的综合体现，是高绩效团队的工作特点。

1. 执行力概念

执行力是一种能力，是成员正确领会上级意图，迅速作出反应，并将其贯彻或执行下去的本领；执行力是一种纪律，是成员理解并认同团队要求，实践中表现出来的无条件执行行为；执行力是一种毅力，是成员表现出来的不畏艰难的意志能力，无论条件多么不利、任务多么艰巨，都能坚持追求积极的结果；执行力是一种境界，是成员把团队工作当作自己的事情来对待，工作中自觉控制过程，努力创新绩效的思想素质。

2. 团队执行力特点

一是工作目标清晰、明了没有歧义，能被成员透彻理解和领会，让他们知道该做什么、为什么要这样做和如何做更好，以减少执行中的方向误差。

二是管理程序简单，去除了多余的管理环节，以清晰、紧凑、简化的程序指导工作，运转秩序良好，内耗不断减少，办事效率较高。

三是成员素质优良，他们有较强的领悟能力、责任能力和研究能力，能够根据组织意图快速整理出自己的工作思路，追求完美，对全流程工作负责，善于解决实践中的各种问题。

四是团队精神激昂，成员有强烈的集体荣誉感，为了共同的事业快乐工作、合作共事、彼此帮助，对工作充满激情、自信和自豪，团队精神面貌和进取状态良好。

五是求胜欲望强烈，成员永远不会满足现状，更不会容忍自己的无能，始终把追求更好的工作结果作为自己的使命，用极限努力把工作业绩向前延伸。

模块 4

TYBZO3603004

案例学习：主意与执行。

有一只真抓实干的黑猫，它每天都能捉 10 多只老鼠，让老鼠们吃尽了苦头。于是，老鼠们召开研讨会共商对付黑猫的办法。有的建议研制毒药，有的说干脆一齐扑上去把黑猫咬死，最后，还是老奸巨猾的鼠王提出了一个与众不同的想法："老鼠杀猫是不可能的，如果不能杀死它，就应设法躲避它。我们推选一名勇士，偷偷地在猫的脖子上挂个铃铛，这样一来，只要猫一动就会有响声，大家就可以事先躲起来。"老鼠们公认这是个很好的办法，但怎样执行呢？高额奖金、颁发荣誉证书等办法一个又一个地提出来，讨论来讨论去，老鼠们还是没有找到一个敢于执行这一决策的勇士。

学习感悟：有好的想法却无法执行，那只能是空想。提高团队执行力是一项系统工程，除了对成员提出种种要求以外，决策者制订的行动方案必须切实可行，既要结合环境实际，又要结合成员实际，还要结合工作对象实际，只有事先进行了周密的考虑和计划，才能有效激发成员的执行力，才能确保任务执行成功。否则，再好的方案都将成为老鼠的主意。

四、团队发展有学习力

拥有较强学习力是任何组织生存和发展的基本条件，也是高绩效团队的发展特点。

1. 学习力概念

学习力是指人们获取信息、改造自我、推动工作并改变自身生存状态的能力，它影响着个体的品质形成，关系到个体的竞争状态，决定着个体的事业成败。团队学习力由成员的学习力构成，他们的整体水平如何，直接影响着组织的活力与发展。获取信息的能力，指个体猎取新信息、产生新思路的效果，一般而言，对信息获取、内化、应用越快，表明学习力越强；改造自我的能力，指个体自我改造、自我完善和自我提升的效果，敢于承认自身不足并勤于修正和完善的人，表明有较强的学习力；推动工作的能力，指个体将新的思路和技术创造性地运用于工作的效果，善于用新思路创造绩效的人，表明有较强的学习力。

2. 团队学习力特点

一是信息交换快捷。高绩效团队应该是开放的工作系统，对内对外都必须保持快速的信息交流，即新信息传递快，新思路学习快，新问题预防快。

二是状态调整及时。成员能够根据环境要求和变化，及时调整自己的工作状态，包括竞技心态、精神面貌、行为习惯、行为方式等，以对环境的高度适应去开展工作。

三是工作推进有效。成员善于调查研究，能够经常提出新的假设和方案，供团队选择应用；善于攻克难题，及时解决工作中的各种问题，以追求更好作为自己的工作目标。

案例学习：两只青蛙。

有两只青蛙掉进了乳酪罐头里，它们焦急地挣扎着，可是因为罐口太高，无论怎么跳，还是无法跃出罐外。

其中一只青蛙渐渐地灰心丧气起来："反正再努力也不可能逃脱，何必浪费力气作无为的挣扎呢？"

而另一只青蛙却有着不同的想法："我可能会死，但我要拼力最后一搏，即使不成也不后悔。"这只青蛙竭尽所有的力量，努力地在乳酪中来回游动，奋力搅拌。

此时，奇迹发生了，乳酪被青蛙大力搅动后，渐渐地凝聚成了奶牛块，这只青蛙终于胜利地站在了高高的奶牛块上，轻而易举地跳到了罐外。

学习感悟：在团队成长过程中，不可避免地会遇到许多新问题，有的问题可能还非常棘手，以至会影响组织的前途。面对前进道路上的种种障碍，或许有的团队因经受不住考验而半途而废，或许有的团队因力不从心而中途夭折，唯有高绩效团队与众不同，它能够经受住各种考验和磨炼，在困境中获得新生。高绩效团队生存和发展的奥秘，关键在于它有强大的组织学习力。

五、授权充分有创新力

1. 授权与创新

所谓授权，是团队领导将自己所属的部分权力连同责任授予下属，让他们在更加宽松的权限范围内，充分发挥自己的主观能动作用。

授权与创新紧密相关，授权的目的是为成员提供更加适宜的平台和空间，便于他们创新工作。充分授权，就是给予成员必要的自主决策权，让他们根据事物发展规律，大胆地进行假设和创造，通过角色创新、思路创新、方法创新，达到超越自我、发展绩效的目的。当然，授权必须以需要和够用为原则，它是在必要范围内的充分授权，那种放任自流式的授权是不可取的，于成员创新也是不利的。

2. 团队创新的特点

创新是未来世界的主旋律，也是高绩效团队的进取特点，它主要表现在以下几个方面。

一是有强烈的创新意识。成员有创新的信心、冲动和勇气，敢于假设、勇于尝试；团队领导对成员的创新行为能够鼓励和呵护，让他们在必要的范围内自己做主，顺应客观规律自主决断和处理事物。

二是有实在的创新行动。成员善于将成熟的设想运用于实践，在艰难困苦条件下，能破崎岖为平坦、化风险为机遇；在突击任务面前，善于承担、善于探询、善于突破，在进取中谋求发展；在平凡工作岗位上，能够敬业、精业和乐业，用行动创造非凡业绩。

三是有可靠的创新群体。成员是团队创新的主体，每位成员能够把团队事业当作个人职业发展的条件，善于把思想创新变成行动创新，把工作创新变成业绩创新，把一次创新变成持续创新，把单项创新变成系统创新，把能人创新变成群体创新，以实在的群体力量推动团队发展。

案例学习：1+1<2。

法国农业工程师林格曼曾经设计了一个拉绳实验：把被试者分成一人组、二人组、三人组和八人组，要求各组用尽全力拉绳，同时用灵敏的测力器分别测量其拉力，结果，二人组的拉力只是单独拉绳时二人拉力总和的95%；三人组的拉力只是单独拉绳时三人拉力总和的85%；而八人组的拉力则降到单独拉绳时八人拉力总和的49%。

"拉绳实验"中出现1+1<2的情况，明摆着是有人没有竭尽全力使真劲儿。这说明人与生俱来的惰性，单枪匹马地独立操作，就竭尽全力，到了一个集体，则把责任悄然分解、扩散到其他人身上。社会心理学家深入研究认为，这是集体工作时存在的一个普遍特征，并概括为"社会浪费"。

学习感悟：案例揭示了集体工作的普遍现象，这样的事情在团队会不会发生呢？答案是完全可能，因为普遍寓于特殊之中。要使1+1<2变成1+1>2，应该注重两个方面的工作：一方面要营造创新氛围，创造条件鼓励每位成员创新，让他们用工作业绩验证自己存在的价值；另一方面要培养群体创新习惯，运用机制激励成员创新，让他们用优秀业绩验证自己对团队的贡献。只有每个人做到了自觉创新与合作创新，才能产生真正的高绩效团队。

六、制度规范有约束力

科学规范是保障组织功能有效输出的重要条件，也是高绩效团队的规范特点。

1. 规范与约束力

规范是制度、规定、办法所界定的内容，是明文规定的标准，是成员或团队行动的依据和范式。规范的约束作用不会自然发生，它必须以全员学习、领会和认同为前提，只有成员从内心深处认同了它的意义所在，鲜明地体现了个人价值观与团队价值观的和谐关系，才能科学地发挥规范的约束作用。

2. 约束力的特点

一是将团队要求内化为个人需要。规范内容应该来自团队的现实基础，不能生搬硬套他人的做法；应该认真组织成员学习、领会规范实质，让他们在学习中认识、理解中接受、领会中认同，变组织要求为他们的追求。

二是将被动行为转变为自觉行为。这是习惯养成问题。敢于扭转既有不良习惯，大力宣传规范所倡导的要求，以细微见真切，以持久看效果，通过长期的训练和纠正，培养成员执行规范的自觉行为。

　　三是将规范动作上升到无为动作。重视成员的素质培养和境界教育，开展系列训练活动，让他们在参与和感悟中强化规范意识，提高思想水平，把执行规范的过程变成无意识的连续动作，将要我这样做变为我要这样做。

　　案例学习：诚实和规矩。

　　一个小伙子随家前往新罕布什尔湖的岛上别墅度假，那里是绝佳的钓鱼圣地。期间，他和父亲扛着钓竿，在鲈鱼节开始前的午夜去过过钓瘾。在那里，只有在鲈鱼节的时候才允许钓鲈鱼。

　　突然，有什么东西沉甸甸地拽着小伙子的渔钩，他慢慢地把渔线拉回来，是一条他从未见过的大鲈鱼！

　　父亲擦着了火柴，看着表说："10点，再过2h鲈鱼节才开始。你必须把它放掉，孩子！"

　　"爸爸！……"他不理解，大声地哭起来。

　　父亲沉默着，他已经很明白地表明，这个决定是不能改变的，没办法，只好把鲈鱼放回湖水里。

　　这是23年前的事了。现在，他已经是纽约市一名小有成就的建筑师。那次父亲让他放走鲈鱼事情，让他从此学会了自律。他在建筑设计上从不投机取巧，在同行中口碑很好，就连亲朋好友把股市内部消息透露给他，胜算有十成的时候，他也会婉言谢绝。诚实是他生活中的信条，也是教育孩子的准则。

　　学习感悟：从做人的角度要讲诚实，从做事的角度要讲规矩。凡事都有规范，只有在规范的约束下才能形成秩序。一个人执行规范总是从不自觉开始，常常会感到很不习惯，只有经过长期训练、磨合和领悟，才能在内心深处得到认同，才能成功地走出被动"王国"，开始自己的自由生活，当新的习惯养成后，它将给自己的工作和生活带来意想不到的收获。团队也是如此，只有成员高度自觉地执行规范，才能产生强大的组织约束力。

　　七、意志协调有领导力

　　领导者的能力表现在多个方面，对团队而言，有效地协调成员意志是关键，因此，它是高绩效团队的领导特点。

　　1. 协调意志与领导力

　　协调意志，是要把成员的心理状态和职业追求调整到团队要求的方向上来，形成有效的群体合力。所以，团队领导应该深入了解成员思想的总体状况及其分布情况，针对不同对象采取贴切的工作方法，积极帮助他们向组织靠拢；以教练、指导员角色展开工作，在成员中树立起有亲和力、能干事、善于关心他人的形象，通过人格魅力吸引他们一道谋求团队发展；真正关心成员成长，帮助他们策划职业计划，给予他们进修学习、展示才华、体现价值等机会，让他们在实践中找到自我实现的感觉，体验到团队和个人双元发展的真谛。

2. 领导力的特点

一是把成员当作朋友。团队领导能够以普通身份与成员相处，让他们消除陌生感，真正建立起伙伴关系和朋友关系，无论工作还是生活方面都有许多共有的话题和故事；能够主动向成员敞开心扉，真实地讲述自己的困惑、感受、想法、思路等，并以聆听的姿态期待对方的建议和评价；敢于接受成员的批评和指责，坦然面对各种言词，能够及时采纳意见、纠正错误；善于帮助成员，把关心他人的行动落实在实际之中、体现在细微之处、延续在过程之中，让他们得到尊重，感受到关怀和温暖，愿意把团队当作自己的家。

二是把自己当作榜样。榜样是一种力量！领导者能够把自己当作成员的标杆和榜样，事事、时时、处处都起带头作用，率先做到有所为、有所不为，敢于向自己问责，以身体力行的影响力让他们产生趋同动力和行为。由于团队人数不多，成员每天都能真切地看到每个人的表现，此时，领导者持久的榜样形象将会成为人格力量，在他们心中形成深深的烙印，成为激励他们向前的强大力量。

三是把素质当作目标。这里的素质特指成员的综合素质，团队建设的重要任务就是不断提高他们的素质水平，一个素质较高的集体，必然会充满活力，在平凡中创造非凡，在困难的环境中创造出骄人的业绩。所以，团队领导应该重视成员的素质建设工程，把它当作长久的工作来做，将口头的说辞变成具体的操作，将抽象的内容变成具体的目标，将书面的表述变成具体的行动，做到有目标、有计划、有协议、有活动、有效果、有比较，努力培养他们顾全大局、自我约束、协同发展、善于超越等综合素质，以稳定的素质力量推动团队发展。

案例学习：快乐的公司。

亨利公司是美国知名的食品企业之一。

亨利公司的发展，得益于亨利的作风。亨利从自己做起，率先在公司内部打破了业主与员工的森严关系。他经常到员工中间去，和他们聊天，了解员工对工作的想法，了解他们的生活困难，并不时地鼓励他们。

亨利每到一处，那里就谈笑风生，其乐融融。他虽然身材矮小，但员工们都很喜欢他，工作起来也特别卖劲儿。

正是亨利这种与员工苦乐共享的作风，为员工营造了融洽快乐的工作环境，也正是这种环境成就了亨利公司。亨利的继任者们继承了他的这种作风，从而也获得了亨利公司今天的辉煌。

学习感悟：领导是一门综合性艺术，特别是在协调成员意志问题上，仅仅把它定义在行政管理范畴，难免显得狭隘和单薄。行政手段不是领导力的有效武器，更多地要依靠心际交流、情感呼唤，用真情打动成员，哪怕是一个微笑、一种鼓励的眼神，都会让人增添无穷的力量，一旦这种默契关系形成，成员会深刻地理解领导者的感受，将在高度统一的意志基础上更加主动地投身团队。

八、工作推进有反思力

反思是一种学习方式，是一种文化体现，是高绩效团队的思考特点，它表现在以下几个方面：

1. 把反思当作重要的学习过程

团队能够重视反思学习，并把它列入成员的学习计划，定期组织反思活动，培养成员的反思习惯和技巧，让他们畅谈反思心得，分享反思成果；每次反思学习有明确主题，成员能够从自省中得到感悟，从交流中得到学习，从省悟中比较得失、找到新的工作思路，反思后有面貌变化和行为改善；成员反思习惯形成，能够针对自身实际，自觉地经常地进行个例反思和省悟，并认真写出反思笔记，以新的思路指导今后工作。

2. 把反思当作重要的工作来做

反思的意义在于认真地实施。高绩效团队应该把反思学习列入工作日程，当作不可或缺的事情来做，并能从反思中获得发展动力；实践中能够有人牵头，有实施的计划和安排，有工作方式和流程，真正从观念中走出来，把口号落实下去，让反思与工作和活动伴随而生，只要有任务就应该有反思，只要有实践就应该有反思，只要有想法就应该有反思……

案例学习：经历拒绝。

著名国际影星维斯·史泰龙在他成名前是一个穷小子，唯一的财产是一部老旧的金龟车，他就睡在车里。

维斯·史泰龙心中有个理想，想成为电影明星。

好莱坞共有 500 多家电影公司，维斯·史泰龙准备逐一拜访。第一次拜访，却没有一家公司愿意录用他，面对电影公司的冷酷拒绝，他毫不灰心。第二次拜访，所有公司仍然拒绝了他。

维斯·史泰龙坚持自己的信念，把 1000 次以上的拒绝当作绝佳的经验，鼓舞自己又从第一家电影公司开始，这次他不仅仅只争取演出机会，还带去了自己苦心撰写的剧本。可是，第三次拜访还是遭到了拒绝。

维斯·史泰龙总共经历了 1855 次严酷的拒绝，无数次地冷嘲热讽后，总算有一家公司愿意采用他的剧本，并聘用他担任自己剧本中的主角，从此奠定了他国际巨星的地位。

学习感悟：1855 次拒绝后的成功，反映了维斯·史泰龙的信心、执着和毅力，人们从他自荐形式的改进中还可以看出，每当他遭到拒绝后，都应该有思想反思和方法省悟。事实上，在人们的工作和生活中，也会遇到困难和窘迫，要改善这种状况，除了应具有强烈的信心外，还应该有内心的省悟过程，从中找出得失、缺憾、希望、方向和方法，只有这样才能找到信心的理由，更好地追寻自己的目标。

【思考与练习】

1. 学习高绩效团队的特点有何现实意义？
2. 让愿景发挥作用的关键是什么？为什么？
3. 团队文化有哪些特点？选其中一项结合实际简述自己的感受。
4. 学习力应该表现在哪几个方面？为什么？
5. 结合实际简述你的执行能力。

模块 5　建设高绩效团队的条件和途径（TYBZ03603005）

【模块描述】本模块介绍了高绩效团队的建设条件和途径，包含高绩效团队建设的六个条件、八种方法和高绩效团队的三类模型及其工作方式。通过要点分析、案例练习，熟悉建设高绩效团队的条件和途径。

【正文】

如何建设高绩效团队，是需要人们着力探讨的问题，根据团队成长规律，下面将从高绩效团队的建设条件、建设方法和模型三个方面进行叙述。

一、建设高绩效团队的条件

要使团队产生高绩效，成为出色团队，应该满足以下先决条件。

1. 有良好愿望

拥有良好愿望是成功的前提。一个连愿望都没有建立或没有达成的集体，必然是一盘散沙、没有士气，因而，这样的集体是不会有好绩效和生命力的。我们把拥有良好愿望作为高绩效团队建设的首要条件，就是要求：成员能够认可团队，有相同的志向并心甘情愿地组合在一起，希望达到快乐工作、快乐学习、快乐相处、快乐生活的目的；对团队的未来充满期待，为自己进入团队由衷地感到自豪，希望在团队发展的同时使自己成长得更快；自觉遵守团队规范，愿意为团队发展作出自己的努力，希望在团队平台上展示自己的价值。只有愿望一致，才可能形成高度统一的行动，进而创造高绩效。

2. 有共同目标

这里主要指团队的理念和主意能够感召成员，所树立的目标被他们认同，成为指引行动的灯塔。目标的共有性，关键在于它集成了成员的向往和追求，能够从群众中来并得到他们的认可和倾心；统一了成员的意志，使他们抛弃一切私心杂念，为着共同的事业而奋斗；鼓舞了成员的士气，使他们在前行的道路上有了明确的方向、工作的动力、和谐的步伐及战胜困难的信心和决心，并能根据目标要求及时纠偏，以保证个体、局部服从整体需要。

3. 有领导核心

领导核心需要在实践中逐步形成，其意义体现在三个方面：首先领导者应该是成员的心理依靠，有出众的思维能力、技术能力和管理能力，能够提出新颖的理念和主意，并在实践中不断应用、发展和丰富，这种能力效应将会折服成员，由此产生心理认可和依靠。其次领导者应该是成员的行动标杆，是率先垂范的楷模，要求成员做到的自己首先做好，要求成员避免的自己首先禁止，时刻以标杆形象树立在他们面前，特别是关键时刻和困难时期，能够更好地发挥自己的领导作用和表率作用，这种示范效应将会强化成员的心中目标，从而产生持久的向心行动。再次领导者应该是成员的人格榜样，拥有阳光心态、事事以身作则，平易近人、性格开朗、胸怀宽广、乐于助人，这种品格力量和人格魅力，将极大地改善成员关系，加快团队和谐建设进程，成员也会因此以团队为家，主动为领导分担忧愁，真正把团队的事业当作自己的事情。

4. 能够彼此信任

这是形成团队凝聚力的又一重要因素。彼此信任：一方面表现为人际关系比较简单，没有猜疑和顾忌，能够彼此信赖和认可，做到真心实意、以诚相待，在轻松、随意、愉快的氛围中交往与沟通，不需要在意对方的动机、态度和做法，即便出现不妥之处，也能通过沟通得到对方的完全理解。另一方面表现为工作关系比较和谐，为了共同的事业成员可以随意发表自己的意见和建议，有时候甚至可以发生思想冲突；同时，成员的人格、责任和能力可以信赖，只要对方接受了任务，有理由相信他一定能够做好。这种融洽的人际关系和工作关系，有利于助长成员的自信和士气。

5. 勇于承担责任

承担责任是成员的基本使命。当一个人具备了一定的工作能力之后，彼此之间的工作质量差异，主要来自他的人格力量，一个敢于负责、勇于负责的人，必定将自己的人格与事业紧密地联系在一起，即便工作遇到再大的困难，也会竭尽全力将它进行到底，这种人格化了的使命，正是高绩效团队应该具有的。只有每个人自觉地履行职责，做到对团队负责、对他人负责、对自己负责，团队才可能产生高昂的士气和非凡的绩效。

6. 富有坚韧毅力

创新是团队的主旋律，创新需要以毅力作保证。成员应该有不怕吃苦、敢于坚持、善于追求的意志能力，自觉用高标准要求自己，勇于超越现实、超越自我，哪怕成功只有一线希望也会尽百倍努力争取；应该有不怕困难、不畏艰险、不言退却的坚韧毅力，善于利用一切可以利用的条件和机会，攻克难题、解决问题，即使感到茫然无助也会竭尽全力去化解困难，使工作发生根本转变，直至取得成功；应该

模块 5

TYBZ03603005

精神饱满、充满自信，以良好的状态和士气投入工作，最大限度地激发潜能、感染队员，以强大的群体意志能力开拓工作。

案例学习：老板为人。

在经济危机背景下的美国哈理逊纺织公司，因一场大火化为了灰烬。3000名员工悲观地回到家里，等待着公司破产和失业现实的到来。在无望的等待中，员工们接到了董事长办公室的一封信：向全公司员工继续支薪一月。员工们深感意外和惊喜，纷纷打电话或写信向董事长表示感谢。

又是一个月后，正当员工们为下个月的生活发愁时，他们又接到董事长办公室发来的第二封信：再向全公司员工支薪一个月。3000名员工接到信后，不再是意外和惊喜，而是热泪盈眶。第二天，他们纷纷拥向公司，自发地清理废墟、擦洗机器，还有一些人主动去南方联络被中断的货源。三个月后，哈理逊公司重新运转起来。

当时《基督教科学箴言报》进行了这样描述：员工们使出浑身解数，昼夜不懈地卖力工作，恨不得一天干25h。当初劝董事长亚伦•博斯领取保险公司赔偿金一走了之，批评他感情用事、缺乏商业精神的人开始服输了。现在，哈理逊公司已经成为美国最大的纺织品公司，它的分公司遍布五大洲的60多个国家。

世界上任何形式的灾难，其实都是人的灾难，一旦人的灾难被化解了，希望也就降临了。

学习感悟：无论什么性质的集体，领导者的为人是形成凝聚力的关键。也许亚伦•博斯当初的想法仅仅是帮助公司员工解决生活上的困难，让他们度过与自己一样的遭遇，正是这种符合常理的做法，衬托出了他的高尚人格，也让公司员工大为感动，他们从老板身上看到了责任和希望，心甘情愿地以企业为家、与老板同舟共济。团队也是如此，只要领导者把人的工作放在重要位置，用人格的力量去感染他们，让他们觉得领导者对成员是负责的、是可以信赖的，他们才会产生倾心的向往和追随，才可能形成真正的团队凝聚力。

二、高绩效团队建设的八种方法

如何建设高绩效团队？人们总结出了许多行之有效的方法，这里将从个人修炼角度出发，立足成员的综合素质提升，介绍以下八种方法。

1. 阳光心态激发

关于心态种类的划分存在多种多样，为了便于阐述问题，我们将人的心态界定在"阳光心态"和"阴云心态"范围讨论。阳光心态是指平常、积极、知足、感恩、达观的一种心理状态，它能使人带着好心情去思考问题、决策工作、体验过程。阴云心态是指偏激、浮躁、消极、抱怨、悲观的一种心理状态，它会使人带着坏心情去思考问题、决策工作、体验过程。

人的心态来自情绪影响。人有兴趣、愉快、惊奇、悲伤、厌恶、愤怒、恐惧、轻蔑、羞愧九种基本情绪，前两个是正面的，第三个是中性的，后六个是负面的。阳光心态主要来自正面情绪的作用，对人产生向上的力量；阴云心态主要来自负面情绪的作用，对人产生向下的力量。由于人的负面情绪为多数，就容易使自己不知不觉地进入不良情绪状态，因此，我们要主动塑造自己的阳光心态，把兴趣和愉快这两个正面情绪充分调动起来，使负面情绪得到有效控制，让自己能够处于积极的情绪之中。为此，可以提出以下训练要点。

（1）学会感恩。

一个人常怀感恩之心，心态才会平和、阳光，好的心境才可能产生好的精神面貌。那么，我们究竟应该感恩谁？其实，只要认真回顾自己走过的路程，伴随你一路走来的人和组织，都可能成为你感恩的对象，他们可能是你的父母、兄弟、姐妹，可能是你的领导、同事、朋友，可能是你的单位和组织，还可能是曾经与你竞争过的对手……他们都从不同的侧面为你提供了帮助、使你得到了启发，即使是竞争对手也可能是你发奋和成功的原因！某印钞厂，常年在员工中开展感恩活动，他们将"感恩的心"作为厂歌，每日以班组为单位齐唱一次，从他们投入的神情中可以看出，他们都有自己的感谢对象，希望通过这首歌表达自己的感恩之情。由于他们坚持开展这项活动，员工的心态得到了极大地改善，人际关系进一步和谐，精神状态更加饱满。

感恩必须由心而起，要有自己明确的感谢对象，不能将它流于空泛的形式，这就要求团队必须重视这项活动的设计和组织，通过循序渐进地启发和引导，让成员找到感谢对象、找到倾心的感觉，运用好表达感情的方法和形式。

（2）学会快乐。

快乐每个人都需要，也许它来自事业的成功、领导的奖赏、关系的改善、家人的团聚、孩子的进步、身体的康复……这些都属于事件激发了人的快乐情感。所谓要学会快乐，除了要尽情地享受事件给自己带来的快乐外，更要善于从平凡中寻找快乐、创造快乐，只有这样，一个人才能持续地快乐、真正地快乐，进而产生出阳光心态。

在平凡中寻找快乐、创造快乐，就是要善于发现自己心中的彩虹、善于营造心中的意境。为什么具有相似经历的人，他们的心理感受会有较大差异呢？原因在于每个人关注过程的角度不同、看重经历的意义不一样。有3个人在修建一座寺庙，路过的人问他们在干什么？第一位回答说"我在砌墙"，第二位回答说"我在做房子"，第三位回答说"我在与上帝对话"，同样的事情三个人回答完全不一样，这就说明他们对待同一事情的态度、角度和意境是不一样的，因而他们的心情也是有差异的。其实，平凡工作中总是孕育着不平凡的东西，这就需要我们用心情和意境去寻找、去创造，只有善于从平凡过程中发现彩虹的人，才会真正地快乐！

（3）学会探寻。

探寻将伴随人的一生，无论工作还是生活都将如此，正因为有了追求和效果，才有工作的发展和生活的幸福。面对探寻可能有两种态度和感受，一种是把探寻当着痛苦，更多地看重自己的付出和艰辛；一种是把探寻当作快乐，更多地看重自己的价值和成就。爱迪生经过一万次试验失败后才使电灯发光。他说："每一次试验，我都能成功地除去一种障碍，最后我终于找出一万个会使电灯不亮的原因。"长达10年的研究和试验，花费了他的巨额资金和大量精力，能够让他坚持的原因，肯定不是付出和痛苦，应该是为人类造福的价值观和使命。

探寻，每个人都不可避免，只要未知世界存在，只要自己想生活得更好，它必将发生。关键的问题是人们对待探寻的态度，一个以积极心态去对待探寻的人，必然会在实践中找到自己的价值和快乐，也一定会取得事业成功；相反，把探寻当作一种累赘的人，只会是事倍功半，难以坚持下去。团队的建设和发展需要每位成员拥有快乐的探寻精神，在推动团队发展的同时，实现自身的职业发展。

（4）学会欣赏。

这是一种境界，它表现为对工作成就、成员成长、自己进步等的由衷欣赏。当一个人能够以欣赏之心对待事业和伙伴时，就会更加热爱自己的工作，更加亲近自己的同事，由此，便会产生出阳光的心态，以高昂的激情去支配自己的行为。某广告公司招聘人才，经过两轮考试后，主考官将作品发还给入围者道：专家的评分只占此轮考试的50%，另一半分数由你们相互评审并写出评语。有一位应试者的评语是这样写的：另外9人中至少3人的作品令我叹服，我不得不怀着复杂的心情给了他们高分和好的评语，因为我相信，专家的眼光不会比我差，我不能刻意去贬低别人。最终这位考生被录取了，前面的三位优秀考生也只有一位被选取。对此，总裁解释为：最后10位考生，都是专家组眼中的佼佼者，而你们之间的相互评审，更能证明自身的能力与素质。我们不仅需要具备技能素质的人才，更需要那些能够彼此欣赏、相互协作、团结共进的人才！

欣赏应该是自觉发生的，它需要积极地参与，真诚地关注与期待，当好的结果出现时，便由衷地产生一种祝贺、赞赏和自豪的心情。团队就是一个大家庭，成员为了共同目标走到一起，团队的建设、成长和成熟，离不开每一个人的努力和呵护，在这漫长的历程中，除了成员应该付出以外，还应该更多地给予关注和欣赏，要用心去欣赏点滴的成功、欣赏成员的成长、欣赏自己的进步……这种欣赏的效果将会转化为奇迹，成为化解各种矛盾、密切成员关系、推动工作进步的心理力量。

案例学习：心中的彩虹。

一个年轻人上班要经过一位老人的门前，他发现老人每天都坐在屋檐下，脸上绽满了幸福的笑意。他不理解，老人衣着很一般，脸上也没有滋润的光泽，看上去就知道她过去饱受过沧桑。为什么这样的老人却有如此的满足和幸福神态呢？

一天，心存疑惑的年轻人来到老人身边，小心翼翼地问老人："老人家，您有一份退休金吗？"老人笑着说："退休金？我没有的。"他又问："那您肯定有一笔丰厚的积蓄了？""积蓄？"老人摇摇头说："我也没有"。他想了想继续问："那您的子女一定生活的很不错，有自己的公司或者身居要职吧？"老人还是摇摇头说："他们什么也没有，都是平常的工人，靠劳动挣工资，靠工资养家糊口而已。"年轻人听后就更加不解了，他问老人说，我每天从这里经过，看见您很幸福、很满足的样子，您能告诉我这是为什么吗？

老人说："我每天都在看天上的彩虹呀。"老人见年轻人不理解，就笑着说："我这一辈子，讨过饭，逃过荒，背井离乡 10 几年，曾经好多次死里逃生，真是没有少受难、少吃苦，人生的酸甜苦辣我都尝遍了，人生的辛酸泪水我也流尽了。可如今呢，我居有屋，食有粥，几个儿女虽说不才，却每个人都有一份工作、一份薪酬，小伙子，你说我能不满足和幸福吗？能不每天看到彩虹吗？"

老人顿了顿接着说："其实哪一天没有彩虹呢？只是没有流过泪的眼睛看不见，只要流过泪，人每天都能看见彩虹的。"

年轻人一听，心顿时一颤，是啊，哪一天没有彩虹呢？路上陌生人的微笑、朋友的问候、同事的关心、领导的关怀、妻子的嗔怪、孩子的亲昵、父母的叮嘱……

学习感悟：对每个人来说，每天都有彩虹，关键是我们从什么角度去观察。如果从消极角度去观察，是不会发现彩虹的，即使有再大的喜讯也难以驱散心里的阴云；相反，从积极角度去观察，就会辨证地看待事物、阳光地对待问题，善于从零散、点滴、细微之中发现彩虹，并以此激励自己、调平心态。一个人善于寻找心中的彩虹，将有利于阳光心态的形成，对自己的身心健康、职业发展、生活质量都是大有好处的。

2. 个人品德塑造

品德是一个人的德性、品行、操行等，它是指人依据一定的社会道德准则和规范在行动时所表现出来的稳定心理特征或倾向。个人品德塑造需要重视两个方面问题：一是注重习惯培养，一个人的品德直接受到他的习惯影响，就像孩子一样，从小养成了尊重他人、帮助别人、热爱劳动等习惯，他就能够表现出良好的品德行为。团队成员的品行习惯培养，包括改造和养成的含义，所谓改造，就是要纠正过去已经存在的种种不良习惯，在限制中让它逐渐转变；所谓养成，就是要根据团队需要，持续地培养成员的新习惯，以新的习惯支配成员乃至整个团队行动。二是注重品质强化，通过长期的培养训练活动，让成员的品德定格，使他们的行为表现稳定可靠，防止时好时坏、波动过大的现象发生。培养良好的习惯、形成稳定的表现，是个人品德塑造的关键，可以通过以下要点进行训练。

（1）学会尊重。

人们讲尊重，就是强调尊重他人，用行动满足对方自尊心理需要，只有人人都学会了尊重，自己才能得到尊重，才会有和谐相处、愉快共事、共谋发展的新局面。某供电公司路灯分公司的一个班组，每月举行一次"15min 虚拟班长"活动，他们事先布置了需要研究的主题，然后由员工准备。活动开始，每个人利用 15min 时间，以班长身份就准备内容发言：假如我是班长，我将如何去抓这项工作或解决这一问题。这项活动得到了全班员工的认可和参与。之所以"15min 虚拟班长"活动效果较好，重要原因在于员工身份平等，得到了尊重，他们把扮演班长角色作为一种自豪，把思想交流作为一种需要，把成员聆听作为一种幸福，把工作建议作为一种成就。

尊重他人，是指尊重每一个人，无论一个人的地位高低、长相如何、性格怎样、背景优劣……他们都有得到尊重的权利。尊重他人，必须从心里产生，只有真心实意、朴实无华，尊重才会变得有实际意义。表达尊重的方式有很多，我们可以通过微笑传递自己的尊重之心，可以通过聆听传递自己的尊重之意，也可以通过交往传递自己的尊重之行，可以通过支持传递自己的尊重之举，也可以通过赞赏传递自己的尊重之情，还可以通过活动激发大家的尊重之感……

（2）学会遵守。

学会遵守，就是要求成员习惯地按照团队的各种规章、约定办事，使他们的行动在规范内运行。海尔是 1984 年创立的集体小厂，当年资金亏损 147 万元。1985年张瑞敏担任厂长后，他从员工的习惯抓起，他规定的第一条纪律是"不准在车间大小便"。现在我们看起来这一要求似乎不可思议，但他就是针对当时最严重的管理问题提出来的，如果没有这一纪律的突破，就不可能有今天的海尔集团。正是员工从不习惯到习惯地遵守了系列规定，海尔才得到了快速发展，才能成为世界第四大白色家电制造商、中国最具价值的品牌。

遵守是品格的表现，好的品格将会表现为自觉遵守行为，因此，只有人的品质不断提高，遵守才能稳定、可靠。人的品质需要持久地修炼塑造，他是一个不断学习、省悟、纠正、强化的过程，团队要开展系列训练活动，让全体成员养成良好的遵守习惯，在各自的岗位上认真履行职责，为团队发展作出应有的贡献。

（3）学会帮助。

善于帮助是一种传统美德，是一个人品质的外在表现，帮助他人应该是无条件的，是一种自觉自愿的行动。某年春节期间，有 19 名韩国学生来到广东省麻风村，开展了为期 10 天的义务工作。在那里，他们热情地为村民收拾房间、帮助村民修缮房屋、教孩子们唱歌跳舞等。这 19 名韩国志愿者却放弃了和家人团聚的机会，自己挣路费来到中国，和麻风村村民共度春节。当记者前来采访时，他们是这样回答的：在韩国，为康复后的麻风病人服务是很正常的事情，而现在韩国已经消灭了麻风病，于是我们便来到中国当义工，继续帮助别人。这样的回答，虽然没有豪言壮语，但却更能引人深思。

团队需要每位成员拥有帮助他人的品质和行动。也许在人们身边曾经有过这样或那样的帮助活动，也收到了较好的效果和好评，然而，从团队建设角度讲，人们除了强调成员的个体品质修炼和自觉行为外，更应该注重团队帮助风尚的形成，因为，只有形成了这样的环境和氛围，才能更有效地激发成员的激情，将潜在的可能变成现实的可能，当大家都能为集体着想、为对方着想，以自己的优势主动弥补他人的不足时，就能够形成 1+1>2 的强大的组织功能。

（4）学会敬业。

敬业也是人的品质表现。当一个人把热爱劳动的态度，转变为一种专心致志地工作行动时，所表现出来的就是一种敬业精神和品质，正是这种品质的不断提升，才可能创造出意想不到的业绩。某天某商场海尔集团的销售员接待客户，对方需要买一台"小小神童"牌的微型洗衣机，所提出的条件是必须送货服务。销售员立即告诉客户，送货可以，但必须等送货车装满后才能出发，这是商场的规定。客户听后有些不悦，随即表态：以后再说吧。为了满足客人需要，不轻易丢掉一笔业务，销售员又征求客人意见说：您能不能告诉我您家的地址和联系方式，到时候我先垫钱为您买下，等下班后我为您送去，这样可以吗？客人表示同意。晚上，当销售员将洗衣机送到客人面前时，客人无比地惊讶和感动。

学会敬业，就是要求成员具有至诚、至精、至善的工作精神和品质，把团队发展与自己的职业计划紧密联系起来，把团队工作当作自己的事情来做，把工作岗位当作施展才华的平台，把完成任务当作实现价值的机会……这种品质提升，需要每位成员持续修炼来实现，这正是团队建设的重要任务，更是高绩效团队应有的追求。

案例学习：把当下的事做好。

公司负责人把从美国引进的一套原著交给一位北大英语系的研究生翻译，研究生问："你怎么对我这么信任呢？认为我一定会尽心尽力把这么重要的书翻译好？"

负责人说，"我认真看过你的简历，我认为你的水平肯定是有的，至于责任心和敬业精神，我想你肯定也会有，因为你是一个聪明人。""为什么说聪明就会有责任心？"研究生反问。

负责人又说，"因为你是一个很优秀的北大英语系研究生，你会有很好的前程和未来。但要实现这种预期，你就必须负责任地做好每一件事。如果你粗制滥造糊弄我，也许我这个外行看不出来，但它是你的作品啊，将来你以什么样的心态面对它呢？同行看到了又会怎样评价你呢？"聪明的研究生会意地笑了。负责人相信她肯定会把这套书翻译好。

一个人如果对明天还抱有期望，那么最聪明的做法就是把当下的事做好，预期越高，那么对今天的要求也要越高。

学习感悟：把手头的事情做好，是一个人实现职业目标的唯一途径，不管自己将目标树立在哪里，它都需要点滴事情的积累、亦步亦趋的努力。要做好眼前的事情，就是要学会敬业，以求实、求真、求精的精神、态度和做法，将自己的工作推向极致。只有每位成员都能敬业工作，自觉把握细节、努力创新实践，团队才可能有高的绩效。

3. 文化素质培养

这里的文化素质特指一个人拥有知识的量和质，也就是说他学到了哪些知识、收获了哪些经验、懂得了哪些道理、达到了什么水平，是获取信息与内在修炼的统一，成员文化素质高低，影响着个体见识、思想、态度和思维方式，关系到团队发展。成员的文化素质提高是一个长期过程，它需要团队领导高度重视并努力推进，有相应的制度保障，有持续的训练活动和生动的故事情景。提升成员文化素质水平，除需要坚持开展常规培训教育等活动外，还应该加强以下要点训练。

（1）学会关注。

关注是一种心理活动，是将客观世界纳入主观世界的过程。人们每天都将面对许多信息，比如来自工作的信息、来自书本的信息、来自网络的信息、来自交谈的信息……这些信息有的可能被人们重视，有的可能被人们忽视，而被忽视的信息中也许存在许多有价值的东西，这就要看人们是否做到了关注、比较和甄别。关注是前提，学会关注就是要学会留心，要留心自己看到的、听到的和感觉到的，不让有用的信息从自己身边失去，自觉地及时地对它们进行思维加工，以完善自己的素质结构。有位日本名人说的好：只要人们做有心人，处处有学，处处可学、处处能学，人们不仅可以从书本上学到东西，还可以从与人的交谈中学到东西。

提高关注能力最终需要个体修炼来实现，其修炼效果和程度，不仅影响传统方式的学习质量，而且还将深度影响成员的素质结构完善情况，因此，团队应该加强成员的关注习惯训练，寓习惯培养于各种学习活动和工作过程之中，不断增强他们的关注意识和能力。

（2）学会思考。

人们每天都要解决棘手的难题，分析纠缠不清的问题，过滤浪潮般的信息……这些都要借助于思考活动。思考是一种心理活动，是个体为了积累知识、阐述关系和解决问题时进行的系统思维过程，是在感性认识基础上进行分析、判断、综合、推理的认识活动。

学会思考，就是要学会系统地考虑问题，善于从复杂信息中抓住它的主干，提炼精髓，把握自己需要的东西，在有限时间内获得更多有价值的信息。还要学会批判地考虑问题即提问、探究和质疑，对信息的理由进行审视和质疑，以便将错误的信息剔除、将正确的信息保留下来。还要学会提升境界，思考只是一种活动和手段，目的在于自己的境界提升：首先要自觉完善知识结构，使之更加丰厚合理；充分利用好已经拥有的知识，使自己的思想、观念、态度、行为等方面有比较大的改观，让自己的气质显露出来。

思考是成员将信息内化为素质的重要环节，团队应该创造情景、开展活动训练他们的认知能力，培养敢于质疑、善于思考、勤于分析的良好习惯，只有他们的思考水平不断提高，团队的整体素质和能力才有保障。

案例学习：提取人生的精华。

惠普的女总裁卡莉·菲奥利娜，毕业于斯坦福大学。25 年后，她回到母校演讲。她说："我在斯坦福上过的最难忘的一门课程是一次研讨会，一次关于"中世纪的基督教、伊斯兰教、天主教三大教派的政治哲学"的研讨会。

每个星期，我们都得阅读一部有关中世纪哲学的长篇巨著，一个星期平均要读 1000 页的东西。每个周末，我们就得把这些哲学家们的思想言论进行提炼，总结成一份仅有 2 页纸的精髓。

我们先把它们缩成 20 页的东西，然后 10 页，最后到 2 页，而且是单面的稿纸。这简直就是把所有的事物还原到最原始形态，提取事物最根本的精髓！

紧接着的另一个星期，我们又开始着眼另外一个哲学家的著作了。

他们的哲学和意识形态无疑给我留下了很深的印象，但是那种近乎苛刻的提取精髓、追求完美的"蒸馏"过程，才使我真正学到了东西。这是一种不可思议的、近乎顽固的技能。

一直以来，我都反复受益着。那门提取事物精髓、还原事物本质的综合课程，让我领悟到了生命的意义——人生就是提取精华的过程。

学习感悟：人的文化素质提升，是一项长期的工作。首先要养成良好的学习习惯，自觉将学习贯穿于工作和生活的始终，这是提升文化素质的前提条件；其次要学会提炼精华，善于从重要信息中悟出它的真谛，形成思想上的共振，使有用的东西真正被自己吸收和固化，成为支配行为的东西；再次要学会表现，善于运用精华的东西指导人生，特别在处理敏感问题和细节中表现出自己的风格。

4. 学习能力提升

提升学习力，除了必要的组织训练外，更多地依靠成员在实践中锻炼、感悟、内化和积累，在不断地突破中达到目的，换句话说，只有通过长期的实践锻炼，特别是经历困境考验，才能最大限度地激发人的潜能，产生出新的学习能力。根据研究和应用结果，成员的学习能力提升可采用以下几种方式。

（1）项目培训。

项目培训是一种传统的训练形式，是根据工作需要有计划地组织相对集中的专项培训教育活动。为使项目培训对学习力提升发挥应有作用，成员可利用表TYBZ03603005-1 开展内省和内悟，以达到认识提高、方法改进、效果增强的目的。

表 TYBZ03603005-1　　　　项 目 培 训 表

项目	阴云者（A）	阳光者（B）	推崇
目的	为完成任务而学	为提升能力而学	主动学习
态度	学习仅限于计划内容	学习不限于计划内容	开放学习
方法	以授课为主、自学为辅	将授课、研究紧密结合	研究学习
途径	用授课思路指导实践训练	用整合思路指导实践训练	融合学习
效果	获得借鉴经验	获得创新经验	能力创新
评价	有利学习力提升	推动学习力提升	B>A

B>A 是一种结果比较，说明阳光者比阴云者的行为更有利于学习力提升，要使自己真正成为培训学习的阳光者，就必须对以上优化点进行有效控制。把目的控制在自我需要层面上，变被动学习为主动学习；把态度控制在开放层面上，做到该学的学好、能学的学通、可学的学到；把方法控制在研究层面上，将授课学习与研究学习结合起来，通过整合形成新的思想、思路和方法；把途径控制在解决问题层面上，将所学内容与工作紧密结合，使思想得到转变、角色得到转换、技术得到提高、工作得到改进；把效果控制在创新层面上，通过思维和实验创新，形成新的工作经验。

（2）标杆学习。

标杆学习是一种特定的训练形式，它是以先进个人和指标为标杆，通过个体学习标杆、赶超标杆等活动，达到工作和个人同步发展的目的。为使标杆学习对学习力提升发挥应有作用，成员可利用表 TYBZ03603005-2 进行自我省悟训练，以达到增强能力的目的。

表 TYBZ03603005-2　　　　标 杆 学 习 表

项目	阴云者（A）	阳光者（B）	推崇
目的	为配合组织而学	为发展自己而学	主动学习
态度	学习仅限于标杆外在内容	学习不限于标杆外在内容	开放学习
方法	借鉴经验式学习	还原经验式学习	研究学习
途径	用标杆思路指导实践训练	用整合思路指导实践训练	融合学习
效果	获得借鉴经验	获得创新经验	能力创新
评价	有利学习力提升	推动学习力提升	B>A

目的控制，要求成员不能被私心杂念所干扰，能够让整个学习过程为自己的成长服务；态度控制，要求成员做到谦虚好学，善于从标杆那里找到可学的东西；方法控制，要求成员研究标杆的形成过程，善于还原标杆的初始形态、发展形态和成熟形态，做到他人经验为我所用；途径控制，要求成员善于运用新思路去解决实际问题；效果控制，要求成员结合实际边学边做，通过推动和创新形成自己的新经验。

（3）实践锻炼。

实践锻炼是一种常用的训练形式，它是结合工作实际对成员进行有意识地锻炼活动。实践锻炼可能是一次专题活动，也可能是一种常态活动。为使实践锻炼对学习力提升发挥应有作用，成员可利用表 TYBZ03603005-3 进行自我省悟训练，以达到增强能力的目的。

表 TYBZ03603005-3　　　　　　实 践 锻 炼 表

项目	阴云者（A）	阳光者（B）	推崇
目的	为配合组织而行动	为锻炼自己而行动	主动学习
态度	在意任务是否完成	在意自己是否成长	开放学习
方法	把实践当作工作过程	把实践当作学习过程	研究学习
途径	用既有经验指导实践	用整合经验指导实践	融合学习
效果	取得工作成果	取得经验成果	能力创新
评价	有利学习力提升	推动学习力提升	B>A

目的控制，要求成员自觉摒弃种种消极因素，主动把实践过程当作锻炼机会，力求通过它提升自己的能力；态度控制，要求成员积极对待工作，在努力提高工作质量的同时，善于从失败中汲取教训、总结经验；方法控制，要求成员把实践环节当作研究过程来对待，寓研究于实践之中，努力探询事物发展规律，达到推进工作、发展经验、增长能力的目的；途径控制，要求成员把问题当作学习的机会、研究的课题，在攻克难题中锻炼和成长；效果控制，要求成员以持续创新推动工作，在实践中发展和丰富自己的经验。

（4）困境考验。

困境考验是一种特殊的训练形式，它可能是组织为达到某种目的特意安排的训练活动，也可能是实践推进中出现的新情况。之所以被称为困境，是因为情景的严重性和紧迫性使人处在了背水一战、别无选择的环境之中；之所以被称为考验，是因为现实对成员提出了严峻的挑战，迫使自己使出全身解数，用极限努力去争取积极的结果。当一个人经受住困境考验并取得成功后，其学习力增长速度是惊人的！为使困境考验对学习力提升发挥应有作用，成员可利用表 TYBZ03603005-4 进行自我省悟训练，以达到增强能力的目的。

表 TYBZ03603005-4　　　　　困 境 考 验 表

项目	阴云者（A）	阳光者（B）	推崇
目的	回避现实处境	改变现实状况	主动学习
态度	寻找逃离机会	寻找化解途径	开放学习
方法	被动地承受过程	主动地破解难题	研究学习
途径	用既有经验指导行动	用整合经验指导行动	融合学习
效果	可能取得工作成果	最终取得经验成果	能力创新
评价	不利学习力提升	推动学习力提升	B＞A

目的控制，要求成员把经历困境当作必要过程，让自己多锻炼、多学习、多积累，而不是回避现实；态度控制，要求成员正确对待困境的煎熬，用积极心态将其视之为学习机会，主动应对问题、积极化解难题；方法控制，要求成员激发潜能，深入研究、探寻规律，在解决问题中延伸自己的学习能力；途径控制，要求成员及时将新经验、新思路应用到工作之中，在实践中检验、修正和完善，不断提升解决问题的能力。效果控制，要求成员通过思想、方法、实践等创新，在实践中学到更多的东西，积累更为丰富的经验。

案例学习：变重负为梯子。

某企业组织了一个户外训练项目。训练场地选择在有深沟、陡渠、梯田的地势落差较大的山区。受训对象有三男一女，他们相互隔离，逐个单独进行。训练内容是：向每位受训者发一大捆粗细有别、长短不一的木材（大约 20kg），要求他们从半山腰的训练营地出发，在最短时间内，通过一道道障碍，把木材送到对面半山腰的指定地点。

最后结果是那位女士顺利过关了，她用的时间最短，几乎没有任何创伤。而三位男士都有程度不同的跌伤或创伤。

原来，这位瘦弱无力的女士将缠绕着木材的麻绳解开，然后用石块将麻绳砸成一截一截，再将那些长短不一的木材，绑扎成一架简易的梯子，这样一来，重重的木材捆就变成了一种有用的攀爬工具。她凭借自己的智慧，轻而易举地越过了梯田和沟渠，顺利地到达了指定地点。

人生道路并非平坦，人们常常要负重前行，如何化压力为动力，化坎坷为坦途，成为个人和团体的期望与追求。受训女士的聪明之举，或许会给人们一些启示。

学习感悟：在个人成长道路上，来自方方面面的困难和考验是不可避免的，关键要有正确的态度、思路和方法去解决它，这是一个人的综合能力表现。然而，这种能力不是凭空得来的，它需要经历实践的磨砺和困境的考验，只有经历越多、吃苦越多，方法就越多，能力提升就越快。所以，正确对待经历与困难，并自觉地把它当作研究课题，是成员提升学习能力的重要途径。

5. 专业技能强化

专业技能是成员履行岗位职责的技术能力。成员的专业技能培养，需要团队作出组织安排，营造敬业、精业、乐业的工作氛围，结合实际有计划地开展训练活动，更需要成员发挥主观能动作用，加强以下要点训练。

（1）学会拓展。

要做好应用水平拓展工作，善于将理性的东西向应用层面过渡，使知识或经验得到恰当地应用，对个体而言，就是要将自己学到的知识大胆地应用到实际工作之中，认真解决好理论与实际相结合的问题，在实践中努力提高自己的应用水平；要做好能力水平拓展工作，以干一行精一行的精神，加强实践创新，大胆设想、认真试验、不言放弃，及时将新的思路和方案应用到工作之中，善于从成功和失败两个方面增长才干，在推动工作持续发展的同时，使自己的技术能力向更高层次拓展。

为了做好这项工作，我们介绍以下进阶思路：

一是制订个人职业发展计划，尽量将自己的技能水平发展作出详细规划，重点要对时间区间、追求目标、实现途径等关键要素提出要求，并以此作为指导行动的依据。

二是投身实践，虚心向师傅学习、向伙伴学习、向一切可能学习的人学习，善于比较、借鉴和创新，在工作岗位上探索新经验。

三是做好试验，积极对新设想进行试验和实证，善于总结规律性东西，努力将思想、技术和方法向前延伸，形成新的工作思路和方案。

（2）学会解难。

要把难题当作研究的课题、当作学习的机会，主动解决工作中的各种问题，当固有的思维模式和经验瓶颈被突破后，使自己的思维方式和经验水平取得突破性收获；当应用组合经验化解多重难题后，使自己的综合解决能力取得突破性收获。

在解难中增强技能，应该做到以下几点：

一要有强烈的事业心和责任感，因为人们所面对的毕竟是难题，解决它需要有迎难而上的信心和勇气，把它当作责无旁贷的事情来做，以勇于攻克的精神来实现自己的进步。

二要有顽强的意志能力，不轻易放弃、不马虎对待，即便再大的困难也能坚持下去，努力为自己的能力发展积累经验。

三要有归纳的习惯，人生之中可能会遇到无数次的解难实践，无论成功与否，都要善于总结和归纳，把教训和经验当作自己难得的财富，当作下次应对问题的本事。只有不断地归纳和积累，经验就会丰富起来，能力也会强大起来。

案例学习：路是凿出来的。

从前，某城堡里住着一位貌若天仙的公主，方圆数百里的未婚男青年都想一睹公主的芳容，更想娶公主为妻。一天，城堡的主人贴出一张告示，说所有未婚男士都有希望娶公主为妻，条件是他必须畅通无阻地连续三次走进城堡；在进入城堡前不允许后退，一旦后退就失去了求婚的资格。

城堡的主人是个地形迷，他命令手下在城堡周围修建了密如蛛网的谜途，看似交错纵横，实质路路不通。所以，很多求婚者都迷路了，他们不得不放弃。

其中，有一个小伙子连续三次敲开了城堡的大门，他是扛着铁锹、拿着凿子、身带干粮走进城堡的。他与其他求婚者不同的是，在遭遇死路时，他就用铁锹和凿子打通它。就这样，一条路又一条路被凿通了，这位小伙子也踏上了通往城堡的幸运之路。

有些时候，人们也要面对无路可走的情况，只有善于为自己凿开道路的人才能成功。

学习感悟：小伙子的做法给了人们两点启示：首先要有可行的方案，就像小伙子事先准备好铁锹和凿子一样，当面对困难或状况时候，有备选办法应对，这是体现能力、发展能力的前提条件；其次要有顽强的毅力作支撑，在不断地解难实践中，使能力得到应用、强化和发展，这是培养能力的重要途径。

6. 协作精神培育

随着技术进步，劳动分工越来越细化，局部与整体之间的关系越来越密切，这就要求成员具有良好的协作精神，一切从整体利益出发，根据团队的部署和安排定准自己的位置，主动协同其他成员为着共同目标作出自己的努力。团队协作精神培育，既要反映组织的倾向性，即把这项工作当作重要的事情来做，通过各种训练活动来强化它，又要反映成员的自觉性，即把它当作个体境界提升的必修课来对待，认真开展以下要点训练：

（1）学会配合。

配合，对成员个体而言是一种境界，对团队整体而言则是一种力量。成员要时刻做到以大局为重、以团队利益为重，当个人利益与团队利益发生冲突时，应无条件地服从团队利益需要；善于甘为人梯，当团队任务需要自己扮演某种配角时，应无条件地服从团队安排，尽心尽力地做好配合工作；善于主动配合，根据工作发展需要，在没有组织安排的情况下，主动伸出援助之手，协同他人完成任务，以局部小业绩保证团队的大业绩。

北美洲有一种体积较小的猴子叫树狨，动物学家研究发现，树狨体态弱小行动缓慢，几乎没有抵抗强敌的本领，然而它们在漫长的生存竞争中没有被淘汰，这是什么原因呢？

　　动物学家进一步发现树猊在觅食时，都是数只树猊首尾相连或站在其他树猊的身上，高处够不着时，它们都争相伏在地上，让同伴踩在自己的身上去吃果子，有时遇到树上只有一个果子，它们也是这样，都把觅食的最好机会让给同伴。

　　弱小的树猊之所以在弱肉强食的自然竞争中没有被淘汰，依靠的就是：把最好的机会让给同伴。

　　树猊的生存哲学对团队的启示是：只有成员焕发出了团结互助、彼此配合、舍己为人的集体主义精神，才能有强大的团队、高绩效的团队。

　　（2）学会鼓励。

　　鼓励就是鼓动、激励、勉人向上。工作过程中的鼓励是实现团队协作的精神动力，人们可以通过鼓励为成员提振信心和士气，让他们为着组织目标协同奋进。鼓励的形式是多种多样的，可以用语言鼓励、眼神鼓励、笑容鼓励、击掌鼓励，还可以用短信鼓励、歌曲鼓励……其目的是鼓励前行、鼓励振作、鼓励承担、鼓励拼搏！在第 29 届北京奥运会上，当我国女排队员发球得分时，大家为她送去击掌鼓励；当队员拦网成功时，大家为她送去拥抱鼓励；当队员传球失利时，大家为她送去眼神鼓励……可以说，比赛过程就是一个鼓励过程，正因为有了鼓舞和勉励，她们才焕发出了协作竞技的面貌。

　　团队成员要学会鼓励，养成鼓励他人的良好习惯，把他人的进步和成功自觉纳入自己的责任范围，当伙伴取得成功的时候，及时送去赞赏鼓励；当对方感到迷茫的时候，及时送去支持鼓励；当伙伴遭遇失败的时候，及时送去信心鼓励……只有团队充满鼓励氛围，成员养成鼓励习惯，处处涌现鼓励行为，才能产生协同共进的强大力量。

　　案例学习：改变人生的四个字。

　　达尔科夫小时候，是个生性胆小、害羞的男孩，他对什么事都缺乏自信心。

　　一天，中学老师布置作业，要求学生针对《杀死一只模仿鸟》小说最后一章写出续文。他写完续文交了上去，老师在他的作文页边写了四个字："写得不错"。时至今日，他无法回忆出这篇续文有什么独到之处，也不记得老师当时给了他多少分，但他清楚地记得这四个字，而且永生不忘。

　　达尔科夫说，在得到这一评语前"我不知道我是谁，也不知道将来干什么"，"读了老师的批注后，我回到家，就写了一篇短篇小说，这是我一直梦寐以求但从来不相信自己能做的事。"

　　在中学的剩余日子里，达尔科夫写了许多短篇小说，并经常送给老师评阅。在老师不断地鼓励下，他进步很快，后来被指定担任中学报纸的编辑。

　　中学建校 30 周年校庆那年，达尔科夫回母校看望了这位已经退休的老师。他

模块
5

TYBZ03603005

告诉她说，正是那四个字对自己今后产生了巨大的影响，给了自己成为作家的信心。

学习感悟：四个字让达尔科夫终身受益，可见鼓励的作用是巨大的！其实，人人都需要鼓励，希望从他人那里得到肯定、赞赏、支持、提示、信心……这是一种正常的心理需要。学会鼓励，就是要从自己做起，用积极的心态去期待对方，用善良的心理去安抚他人，只有每一个人向对方给予了希望，才能使自己获得鼓励，才能产生持久的集体力量。

7. 团队文化建设

团队文化建设是一种组织行为，是高绩效团队实施有效管理的必由之路，它从根本上反映了成员自主管理、自主创新的必然规律。为此，可以从态度、行为等方面介绍分析团队文化建设中成员应该保持的角色问题。

（1）学会融入。

学会融入，就是善于将自己融入团队文化建设之中，不要让自己置之度外，把文化建设和文化管理当作团队领导的事情。团队文化建设的主体是成员，每一项活动的展开、每一次工作的推进，都是建立在全员参与、融入基础之上，是大家推动着文化建设的进程；活动训练的对象是成员，目的是帮助他们从过去的习惯中解脱出来，养成符合组织需要的新习惯。所以，团队文化建设需要全体成员自觉融入，将团队发展与自己的职业计划紧密联系起来，主动扮演好工作主体和训练对象双重角色，在实践中磨砺自己、培养习惯、创新工作，努力实现个人与团队的双元发展。

（2）学会管理。

团队文化建设的最高境界，是实现成员自我管理，然而，这种效果不能一蹴而就，需要经历长时间的训练和磨合，让他们养成良好的管理意识、管理习惯和管理能力，使他们从不理解变得理解、从不习惯变得习惯、从不自觉变得自觉，真正成为能够控制自己行为、把握自己命运的人。学会管理，重点应该加强以下三个方面训练：

一是管理好自己的习惯。成员要以强大的意志能力，克服过去不良习惯，让自己真正从旧有的习惯中解脱出来，用符合团队文化建设需要的新习惯武装自己。管理好习惯，关键是对不良习惯进行有效遏止，用积极心态培养好的习惯，以强烈的事业心和集体荣誉感，将它不断发展和巩固。

二是管理好自己的工作。成员要坚守岗位、履行职责，主动把自己的工作做好，让工作过程和结果体现出团队文化特色。管理好工作，关键是把自己当作工作的主人，保证工作流程畅通、责任周延、质量到位，不能出现疏忽和懈怠；主动将文化内涵或要求融入工作之中，用自己的行动表现出来，用工作过程体现出来，向社会展示出特有的精神风貌。

三是管理好自己的绩效。绩效是团队和成员最终追求的目标，绩效管理是过程

和结果的统一。管理好绩效，就是要利用团队文化优势，充分激发自己的潜能，坚持过程创新，保证每一个流程和环节的质量，以追求过程业绩的最大化；就是要树立明确的工作目标，用坚定的信念去追求，用顽强的毅力去执行，用科学的方法去实现，以追求终极绩效的最大化；还要做好绩效目标评价和绩效目标提升工作，当工作进行到某一阶段或一项任务完成之后，需要对绩效目标实现情况进行评估，以便及时调整计划，以新的目标指导今后的工作。

案例学习：优秀是一种习惯。

亚里士多德曾经说过："我们每一个人都是由自己一再重复的行为所铸造的，因而优秀不是一种行为，而是一种习惯。"其实，我们只要对自己的人生旅程进行一番回忆和联想，就有许多关于习惯的故事浮现在眼前，正是那些良好的习惯帮助了自己，成就了今天的事业。

"兔子和乌龟"的寓言，给了我们深刻的启示。兔子虽天生脚快，奔跑速度远胜于乌龟，但它跑一会就爱躺在路边睡起大觉。就奔跑速度而言，兔子的奔跑行为是优秀的，但它还是成为乌龟的手下败将。乌龟能够赢得兔子的法宝就是：一往直前，毫不停歇的优秀习惯。

我们可以从故事中得到这样的启示：一两个哪怕是顶尖的优秀行为终究敌不过优秀习惯。一两个优秀行为可能是孤立、偶然的，缺乏后继性的，而优秀习惯才是优秀行为不断发生的根本保证。所以，只有习惯优秀才是真正的优秀。

学习感悟：这是一个关于习惯的故事。每个人都有自己的习惯，正因为如此，才产生了各种各样的行为。在团队文化建设中，人们所付出的全部努力，就是要通过价值观、信念、使命等内容的塑造，让成员对团队产生倾心的认同，养成符合组织需要的良好习惯，并在这种习惯的支配下产生持久、有效的工作行为。一旦成员的新的习惯形成，便会产生出强大的组织力量，推动团队绩效向更高层次进阶。

8. 领导艺术增强

从人本角度讲，领导艺术就是如何带领人、协调各种关系的艺术，因为，只有人的问题得到了较好解决，各种关系和谐起来，才能为团队绩效提供保障。为此，可以介绍分析以下三个方面的训练要点。

（1）学会与成员交谈。

交谈是塑造和影响他人的有效方法之一。无论工作还是生活，人们无时无刻不在交谈，正因为有了交谈，才使得生活更加精彩、步调更加协调、工作更加顺利。交谈，除了个体应该具备生理上能听会说的能力以外，还应该学会情感交流，即在听和说两个方面都必须有情感和技巧，以此提高交谈效果。

一要善于聆听。聆听就是要用心听、聚精会神地听，要听清楚对方语言表达的直接意思，还要听出语言背后的弦外之音，弄清楚对方传达信息的真正目的是什么。

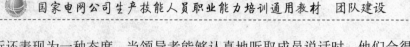

聆听还表现为一种态度，当领导者能够认真地听取成员说话时，他们会得到尊重的满足，因而，就会产生出轻松、友好的情绪，更多地将自己的真实想法表达出来。在听取对方说话时，自己能够随着他人的说话不由自主地点头和应声，特别当对方说话情绪进入高潮时，自己瞬间能够融入他人的说话风格和所描述的情景，说明自己做到了聆听。

领导者与成员交谈一般都会带着相应的目的，为了使谈话成功并收到预期效果，切忌一开始就作指示、谈看法、定调子，让对方没有说话的机会和欲望，应该放下架子、调整姿态，尽量消除对方的心理阴影和误会，在事先说明交谈主题后，要尽量听取他人的意见和建议，这是交谈和聆听必须注意的问题。

二要善于交流。交流是领导者与成员之间进行语言、思想和情感的交换，它包括征询他人观点和提出自己观点两个部分。征询他人观点，就是针对某一问题，认真听取他人的评价、看法、意见和建议，这比直接告诉对方要做什么或怎么去做更有意义，因为，每个人的角度不同、态度不同、标准不同、依据不同……就可能对同一事物作出不同的评价，提出不同的想法，所以，多征询、多获取、多采纳，有利于提高领导者的判断水准和决策效果。提出自己观点，是在征询他人观点基础上，实时讲出自己的看法，鲜明地倡导自己的观点，以达到明确问题、引导方向的目的。必须指出，领导者提出的观点应该积极吸纳对方的意见和建议，以丰富自己的思想和思路，否则，置他人的建设性意见而不顾，依旧抛出自己事先的观点和想法，这种交流是没有什么意义的。

三要善于质疑。质疑就是提出疑难问题一起讨论，以寻求解答。在交谈中，当遇到一时难以确认的问题、难以分辨的事情、难以明确的关系、难以统一的观点时，应该采用质疑技术，比如，这件事情的背后是不是还有其他的原因？这种观点是不是值得商榷？这个问题待我们分头考虑再说……合理质疑会带来更好的学习机会和发展机会，因为质疑会使问题更加个性化，以便更好地对它进行处理；合理质疑会增强交谈效果，因为是在尊重对方的前提下进行商榷，便于对方理解和接受，也有利于调动他们的积极性，对所质疑的问题进行再思考，使交谈收到更好的效果。

（2）学会培养绩效信心。

领导者要学会培养成员的绩效信心，让他们相信自己的潜能、相信团队的实力，只要大家按照事先的方案和要求去做，就一定能够创造出惊人的绩效。因此，领导者要学会做到：

1）善于分解工作目标。把大目标分解成若干个小目标，把小目标作为眼前的追求，每当小目标实现后，成员就会产生更多的绩效信心，也就是说稳定的信心来源于多个"小胜利"。体操全能冠军杨威，当他面对四年的北京奥运会备战时，他感到时间太长、日复一日的训练枯燥无味，他的女朋友帮他进行了目标分解，告诉他说：你暂时不要考虑奥运会，你的目标就是明年的锦标赛。眼看到时间只有一年，杨威刻苦训练，结果在锦标赛上一举夺冠，他也因此信心大增。又到了一场国际大赛前，他的女朋友仍然是用小目标来鼓励他，结果杨威又获得了成功。当他取得了多个小胜利后，杨威的夺冠信心倍增，此时，离北京奥运会时间不多了，他终于通过刻苦努力和精彩表现夺得了自己梦想的金牌！

2）善于培养个人能力。一个人的信心很大程度上来自他拥有的能力，有能力的人自然信心百倍。培养成员工作能力是领导者的责任，团队领导要为他们的能力发展提供学习训练条件，鼓励他们根据自己的优势发展个性能力。只有团队成员的工作能力得到不断增强，领导者的思想才能得到延伸，工作方案才能得到落实，团队绩效才能得到保证，同时，成员的能力提升也会增强他们干好工作的信心，为实现双元发展提供条件。

3）善于营造人文环境。领导者所营造的环境，就是要让成员觉得干这件事情值得、有价值，能够感悟到人生的真谛。这种环境包括团队精神、激励机制、评价体系、待遇制度……当成员身置这种环境之中，就能切身感受到激励向上的力量，每当工作获得成功后，自己能够产生"活出了生命意义"的感觉。这是价值的力量，是领导者应该大力营造的环境。

（3）学会训练后进成员。

在有人群的地方，总会存在左、中、右的区分，团队也是如此。木桶原理告诉人们，一只木桶能够盛水多少，不取决于长板的长度，而是取决于短板的长度。同样道理，团队整体绩效状况，往往不取决于个别先进人物的努力，而受制于后进成员的影响。后进与先进是相对的，眼下的后进并不等于总是后进，当前的先进同样不等于永远是先进，因此，领导者应该重视并做好后进成员的转化工作。

要善于发现后进人员的长处。每个人都有他强势的方面，只是人们一时没有发现而已。当领导者用期待和欣赏的眼光去看待后进人员时，他们的长处就会一一地呈现在自己的面前。也许他们的长处并不能为团队功能直接发挥多少作用，但是，领导者应该充分利用这一积极信号，与他们一道探讨工作并及时加以引导，有意思地让他们独立承担部分任务，让他们在实践中接受锻炼和检验，使他们在比较中进一步认识自己的优势和劣势，从而达到振作精神、努力工作的目的。

要善于挖掘后进人员的潜能。每个人的潜能都是巨大的，后进人员也是如此。领导者要善于帮助后进成员发现自己未曾认识和开发的潜能，让他们知道向着怎样的方向发展对自己更有利。比如，某成员有语言和交际的天赋，领导者可以引导他向营销方向发展；某成员 EQ 比较发达，领导者可以引导他向管理方向发展；某成员 IQ 比较高，领导者可以引导他向技术方向发展……领导者帮助成员挖掘潜能，为他们指明发展方向，不仅有利于成员自身发展，而且也有利于团队的长远发展。

要善于点燃后进人员的激情。每个人都是希望上进的，即使是后进成员他们也有要求上进的"心中阶梯"，这就是领导者能够点燃他们激情的心理基础。帮助他们点燃工作激情，就是要为他们提供能够展示自己才华的机会和舞台，让他们有锻炼、提高和表现的过程；要善于利用激励机制，让他们在工作结果面前审视自己的表现、能力和绩效，从而进一步激发工作热情；要善于赞赏，每当成员获得成功，哪怕是非常微小或阶段性成绩，都应该由衷地高兴，并投去赞赏的眼光、使用赞赏的语言，鼓励他们坚持、努力、不放弃，这样的评价和鼓励将会激发成员更好地工作。

案例学习：母亲的激励。

有位母亲去参加幼儿园的家长会，老师告诉她："你儿子有多动症，在凳子上连 3min 都坐不了。"

在回家的路上，儿子天真地问妈妈："老师说我什么？"

母亲鼻子一酸，差点流出眼泪。她强作笑容说："宝宝，老师表扬你了。原来你在凳子上坐不了 1min，现在能够坐 3min 了。别的孩子的妈妈特别羡慕妈妈，因为全班的孩子中，只有宝宝进步了。"

当天晚上，孩子破天荒地吃了两碗饭。

上小学的时候，母亲去开家长会。老师说："全班 50 人，你儿子的数学成绩排第 49 位，倒数第二，我怀疑他有智力问题，你最好带他到医院去检查一下。"

在回家的路上母亲哭了，回到家里看到儿子诚惶诚恐的样子，她带着希望地说："老师对你充满了信心，只要你细心，你会超过同桌的。"

第二天，儿子上学比哪天起得都早。

上初中的时候，母亲又去开家长会，老师对她说："按照你儿子的成绩，考重点高中没有希望。"

母亲回来鼓励儿子说："老师对你挺满意的，只要你努力，很有希望考上重点高中。"

这是一位智慧的母亲，她不断鼓励孩子，给孩子以向上的力量。在她的不断激励下，儿子后来考上了清华大学。

学习感悟：激励是一种艺术，也是一种力量。领导者对待团队成员，就是要善于鼓励和支持，它可能被运用在彼此的交谈中，也可能被运用在绩效信心的培养中，还可能被运用在帮助后进成员的过程中……鼓励不是形式上的做作，不是语言上的搪塞，更不是工作上的应付，而是由衷地期待和培育。只要领导者用心去做，当每个成员的积极性被调动起来的时候，高绩效团队离我们还远吗？

三、高绩效团队建设的三类模型

所谓模型，是指团队成长的模式，即按照怎样的模式进行建设和训练。关于团队建设的模式有很多，它们都是从不同角度去训练成员，按照某一倾向塑造团队特色。模式的选择问题，在团队成立之初就应该确定下来，只有事先进行了精心设计，才能依照一定的要求培育它的特色。提出模型概念，目的在于能够形象地把握团队建设模式，形成统一的方向、思路和要求。比如，人们所说的"敢死团队"、"勇猛团队"、"和谐团队"、"梦幻团队"、"高效团队"……它们都是按照一定的模式训练出来的。下面简要介绍三类团队模型。

1. 星系模型

这是人们根据自然规律确定的一种模型，它的特点是各个星球制约有序、平衡运转、能量守衡、个性鲜明。按照这一模式塑造团队，就是要重点加强规范性建设和训练，让每位成员成为执行的典范，并以优秀的表现和业绩彰显自己的特色。

2. 舰队模型

这是人们根据军事作战阵容确定的一种模型，它的特点是每艘军舰目的明确、有分有合、整体推进、重点突破。按照这一模式塑造团队，就是要重点加强成员的角色训练，培养他们善于领头攻关、善于配合行动、善于维护集体的习惯和能力，以和谐的行动创造团队高绩效。

3. 雁群模型

这是根据仿生学思想确定的一种模型，其特点是个雁勇于领头、自觉维护、协同前进、实现发展。按照这一模式塑造团队，就是要重点加强成员的成长意识训练，培养他们敢于承担、不怕吃苦、协同共进、追求发展的精神和能力，以团队成员的发展作为自己的最高奖赏。

【思考与练习】

1. 建设高绩效团队应该具备哪些条件？为什么？
2. 结合实际简述责任和毅力的关系。
3. 如何营造阳光心态？举例说明。
4. 简述困境考验对个人能力提升的作用，举例说明。
5. 团队文化建设对个人来说主要是解决什么问题？为什么？

模块 6 团队领导的素质修养及工作方法（TYBZ03603006）

【模块描述】本模块介绍了团队领导的素质修养和工作方法，包含领导者的五项修养内容和团队领导的七项工作方法。通过要点分析、案例练习，熟悉团队领导的素质修养和工作方法，增强个人素质修炼、改善工作绩效的意识和能力。

【正文】

建设高绩效团队领导者是关键，而他们的素质和工作方法则是关键中的关键。

因为，领导者的影响是通过其本人与成员之间的相互作用产生的，良好的素质和恰当的工作方法，将会极大地感染成员，使他们聚集在自己的周围，心甘情愿地与自己一道工作。所以，要建设高绩效团队，领导者的自身素质和工作方法修炼显得尤为重要。

一、领导者的素质修养

一个人的素质涉及方方面面，就领导者而言，其考量的内容应该限定在非权力范围，也就是说，领导者应该具备哪些非权力素质，才更有利于领导工作的开展，轻松地带领成员按照组织意图去工作。根据实际需要，可以从以下五个方面讨论领导者的修养问题。

1. 人格素质修养

这是领导者应该具备的基本素质，它需要在后天学习活动中逐步养成。人格素质属于非权力性影响因素，它对成员的作用是自然的、非强制性的，不需要凭借外力就能让他们心悦诚服地融入自己的思想、情感和要求。领导者的人格素质修养包括以下三方面内容：

一是品格素质修养。品格就是一个人的品性和品行，它关系到自己的处世态度、方法和思路，也影响着他人对自己的看法和评价。品格的力量是无穷的，一个人的高尚品格会长久地根植于人们的心里，并始终在他们的生活和工作中产生作用和影响。品格的力量是不朽的，一个伟人的生涯，就是一座人类品格力量的丰碑。品格的力量是不可战胜的，每一位高明的领导者，都有一种特殊的品格魅力吸引着成员，使他们佩服、拥护、热爱、敬仰、自愿追随，并以能跟随这样的领导人，而自在、快乐、幸运和自豪。

团队领导品格素质修养的内容包括：诚实待人、热情工作、开明办事、包容他人、自信自律、正义公正、勇敢执着、敢于负责等。

二是情感素质修养。所谓情感就是人用来表现喜怒哀乐的一种形式，是向他人传递自己内心世界信息的方式，它是领导者工作能力的演义。情感素质是指领导者能够关心他人、平易近人、和蔼可亲、感情融洽，使成员产生亲切感的影响因素。成功的领导者，不仅要以德感人，还要以情感人，始终能够谦和待人、尊重他人，主动为成员排忧解难，让他们感受到大家庭的温暖。只有形成了情感纽带，成员才会对领导者产生信赖感、归属感和顺从感，形成强大的吸引力和影响力，当团队遇到困难时，成员就会以高度的主人翁意识和责任行为，与领导者同舟共济，共渡难关。

团队领导情感素质修养的内容包括：把成员当作自己的职业伙伴、用感恩的心对待人和事、改变居高临下的工作习惯、克服工作中的武断做法、控制情绪、增强美感等。

　　三是思想素质修养。思想素质应该体现在觉悟、主义和作风三个方面。所谓觉悟，主要指领导者的思想觉悟，是在一定文化知识和政治思想前提下，对大是大非、轻重缓急等大势的醒悟程度，一个领导者的觉悟越高，他就越能高瞻远瞩，其战略管理能力就越强；所谓主义，是指领导者的信仰、理念、主张和思路，一个领导者在关键的时候能够提出具有新意的系统性思想和主张，正确而坚定地把握工作的大方向，则说明他的主义好；所谓作风，特指一个人的思想作风，比如主观主义、利己主义、权力主义或唯物主义、集体主义、民生主义等，思想作风不同，决定着领导者的处世态度和行为方式。

　　团队领导思想素质修养的内容包括：树立正确的人生观、价值观、权利观和群众观，重视政治思想锤炼和文化知识积累，培养强烈的使命感和责任心，养成务实工作、缜密思考、严谨计划、大胆纠错、勇于创新的习惯。

　　案例学习：品格考验。

　　复杂艰难的手术从清晨做到了黄昏。眼看病人的伤口即将缝合，女护士突然严肃地盯着外科专家说："大夫，我用了 12 块纱布，你只取出 11 块。"

　　"我已经全部取出了。"专家断言道："手术已经一整天了，立即开始缝合伤口。"

　　"不，不行！"女护士大声抗议道："我记得清清楚楚，手术中我用了 12 块纱布。"

　　外科专家仍不理睬，命令道："听我的，准备缝合。"

　　女护士毫不示弱，几乎大声叫起来："您是医生，您不能这么做。"

　　直到这时，外科专家的脸上才浮起一阵欣慰的笑容，他举起右手手中的第 12 块纱布，向所有人宣布："她是我合格的助手。"

　　学习感悟：围绕 12 块纱布，医护人员向众人展示了自己的品格魅力，这是他们应有的从业之道。品格是一种力量，人世间除了权力、技术、金钱等外，更能助人成功的秘诀就是高尚的品格！在团队，领导者的品格力量胜过权力力量，只有品格高尚的人，才能让成员心服口服，心甘情愿地追随。领导者的品格修炼是项长期的任务，只有不断提高自己的品质，才能成就一番事业。

　　2. 心态素质修养

　　心态就是心理状态。与心情相比，心态是相对稳定的，它通过人的情绪表现出来。一个人的心态好，他所表现出来的情绪就相对稳定，对待人和事的态度就相对平和，自然就容易成就一番事业。好的心态不是天生的，它需要通过后天修炼得来。团队领导的心态修养包括以下内容：

　　零点心态。放下曾经拥有的地位、成绩和光环，一切准备从零开始，虚心向所有人学习。

　　积极心态。积极乐观地对待眼前的工作和困难，用阳光照耀每一位成员。

　　感恩心态。要善于感恩，用行动感恩组织、感恩成员、感恩客户、感恩父母……

超越心态。相信自己的潜能，把工作过程当作学习过程，通过持续创新超越自我。

奉献心态。要得到回报，必须先学会奉献，让奉献伴随工作过程，落实在细节之中。

平常心态。敢于面对困难，把问题当作研究的课题，以强大的信心和能力去化解难题。

非凡心态。要学会承担责任，即使身陷困境，也要以顽强的意志能力保证组织目标实现。

分享心态。善于汲取别人的经验，善于分享他人的快乐，让自己做个快乐工作的人。

包容心态。相信每个人都有值得学习和赞扬的地方，要由衷地容纳所有成员。

成功心态。要拥有成功的欲望，做事力求成功；要力戒骄傲自满，把成功作为新起点。

案例学习：土豆游戏。

幼儿园老师让同学们做一个游戏。她要求孩子们从家里带来一个塑料袋，里面要装上土豆。每个土豆上都写上自己讨厌的人的名字，所以，痛恨的人越多，塑料袋里土豆的数量也就越多。

第二天，每个孩子都带来了一些土豆。有的是两个，有的是三个，最多的是五个。老师告诉他们，无论到什么地方都要带上这个土豆袋子，即使是上厕所的时候。

日子一天天过去，孩子们开始抱怨起来，他们觉得每天带着一袋土豆行走不方便，还有那变质土豆散发的气味让人难忍，没有人再愿意随身带着那个讨厌的袋子。一周后，游戏结束，孩子们终于解放了。

老师问他们："在这一周里，你们随身带着土豆有什么感觉？"孩子们沮丧地表示，带着土豆袋子不方便，还有土豆发霉后散发的气味很难闻。

接着，老师讲述了游戏的意义。她说："这就和你们心里嫉恨着自己讨厌的人一样，嫉恨的毒气将会侵蚀你的心灵，而你无论到什么地方都要带着它。如果你连腐烂的土豆都无法忍受一个星期，你又怎么能让嫉恨的毒气占据你的一生？"

学习感悟：这是一个关于包容的故事。在人们身边有各种性格的人，他们可能有些与自己观点不同的习惯和行为，甚至有时还和自己发生过矛盾。面对他们，作为一个领导者唯一能够选择的态度，就应该是包容、关怀和帮助，在宽容的基础上帮助他们做好转化工作，让他们端正态度和处世行为，千万不要让自己背上对他们不满的心理包袱，在负重的状态下前行，这将于自己和团队都是不利的。

3. 情商素质修养

情商即情感智商（EQ），是人的情绪、情感发展水平的一种指标，也就是指一个人感受、理解、控制、表达自己及他人情感的能力。许多学者研究认为，情商包括以下几个方面内容：

一是能够认识自己的情绪，并能准确地知道它是什么、有哪些、是什么原因产生的；

二是能够控制自己的情绪，善于让自己克服情绪冲动，摆脱忧郁、焦虑、沮丧等消极因素的困扰；

三是能够实施自我激励，善于运用激励手段，让自己走出阶段性低潮，努力朝着既定目标奋进；

四是能够认知他人的情绪，真诚地去理解他人、帮助他人，实现有效地交往与沟通；

五是能够进行人际关系管理，建立和维系融洽的人际关系。

在以往，人们习惯地认为智力是决定人生成败的第一重要因素，即智商越高取得成就的可能性就越大。现代心理学家普遍认为，情商水平的高低对一个人能否取得成功有着重大的影响作用，有时甚至超过智力因素，特别是生活积极，人际关系良好，富有向上精神的人，就容易获得成功。

情商修养包括以下几个方面内容：

培育自我意识，提升认知能力。要在实践中加强注意能力、反思能力和归纳能力训练。

重视自我激励，增强处世信心。要强化工作目标、保持阳光心态、充满胜利信心。

注重心境控制，再造平衡心理。要善于调整心智模式和处事情绪，构建平和心态。

抓住心理冲动，增强缓释能力。要学会分解目标，避免纠缠小事，防止情绪倾泻。

友善对待他人，营造人际天地。要善念、尊重、感恩、包容、帮助、快乐。

案例学习：终生受益。

12岁那年的一天下午，我在父亲的家具店里打扫卫生，一位上了年纪的妇女走了进来。我问父亲，可不可以由我来接待她。父亲回答说：“就看你的了！”

“我能为您做点什么吗？”我立刻上前迎候。

夫人说，“噢，是这样的。我以前在你们店里买了一张沙发，可现在它的一条腿掉了。我想知道，你们什么时候能帮我修好？”

“夫人，您什么时候买的？”我问道。

夫人说，“有10年左右了吧。”

我对父亲说，这位顾客想让我们免费为她修理旧沙发。父亲吩咐我告诉她，我们下午就到她家里去修沙发。

我们给那位老妇人的沙发新换了一条腿，然后就离开了。在回家的路上，我一声不吭。父亲问：“怎么了，为什么不高兴？”

模块6

TYBZ03603006

"你心里明白，我想去上大学。可是，假如总是这样跑大老远地给人免费修沙发，到头来我们能挣几个钱呢？"

"不能那样想，你得尊重你的客户。况且，学着做一些修理活对你没有坏处。另外，你今天错过了最重要的一个细节。我们把沙发翻过来后，你有没有注意到那上面的标签？其实，这张沙发不是我们商店卖的，而是从西尔斯家具店买的。"

"你的意思是，我们为她修理沙发，一分钱不收，而她根本就不是我们的顾客？"父亲看着我的眼睛，郑重说道："不，现在她是我们的顾客了。"

两天后，那位老妇人再次光临。这一次她从我们店里买走了价值几千美元的新家具。

如今，我在销售行业干了 30 多个年头。我一直在给不同的公司做销售代理，我的业绩常常是同行中最好的。之所以有如此出色的表现，是因为我总是抱着尊重的态度去对待每一位客户，而这又得益于那次和父亲一起修沙发的宝贵经历。

学习感悟：尊重，是控制自己情绪和他人情绪的有效方法。因为尊重他人，会使自己的心态平和，即使遇到例外的情况，也能以包容之心去化解，从而赢得更多的机遇。同时，对方得到了尊重，他在满足心理需要的同时，也会对自己的不足进行反省，对自己的情绪进行必要的控制，如此这样，双方的默契关系便产生了。

4. 决策素质修养

决策是领导者应该具备的重要素质，它直接影响着团队的兴衰与成败。决策能力强的团队领导，能够高瞻远瞩、运筹帷幄，决胜于为难之际，当团队需要作出选择的时候，就能够凭借智慧和能力，作出具有独到见解的抉择，使团队化险为夷、从平凡走向非凡。那么，团队领导的决策素质应该从哪些方面进行修炼呢？

学会思考。要勤于动脑，精熟系统思考方法，习惯转换思维模式，善于求异思维。

学会批判。要敢于质疑，善于对问题的形成原因和自己主张的依据进行批判思考。

学会诊断。要善于发现问题所在、影响所在、根源所在，能够快速作出正确研判。

学会选择。要形成比较习惯和比较能力，善于从备选方案中选择最佳的解决办法。

学会决断。要有决定事项的勇气、胆识和能力，勇于拍板、善于组织、敢于负责。

学会调整。要敢于承认自己的错误，培养发现问题、纠正偏差、修正方案的能力。

案例学习：霍布森选择。

英国有位做马匹生意的商人叫霍布森，他有个承诺：凡是买或租马的，只要给一个低廉的价格，可以随意挑选。

他还有一个附加条件：只允许挑选能牵出圈门的那匹马。他在马圈上只留了一个小门，大马、肥马、好马根本就出不去，能出去的都是些小马、瘦马、弱马。显然，他的附加条件实际上就是不让顾客挑选。这种没有选择余地的选择，被人们称为"霍布森选择"。

霍布森选择现象在企业也存在。企业负责人在挑选部门负责人时，如果根据自己的喜好或事先设定的小圈子来选拔人才，就很容易出现霍布森选择。在这样的前提下，哪怕选拔过程做得再认真，再公平、公正、公开和透明，最多是"矮子里拔长子"，真正的人才还是被划定在圈子之外。这是于企业发展不利的。

在某种情况下，当看上去只有一条路可走时，这条路往往是错误的。在企业，只有一套选择方案或主观地设置选择条件，就谈不上择优了，决策也就失去了应有的意义。

学习感悟：这是关于选择的例子。善于选择是领导者必备的素质，是正确决策的先决条件。在日常工作中，领导者经常面临选择问题，有人事配备、工作项目、实践路线等等，要使选择结果正确可靠，对今后的工作发展有利，就要善于拓展视野，扩大选择范围，尽可能使优秀选项进入自己的选择范围，也就是说，无论对客观存在的选择，还是对工作方案的选择，都应该有多项的备选方案，只有这样，才能得到更好的选择结果。

5. 毅力素质修养

事实上，每个人都拥有两种力：一是以能力为标志的力，它包括体力、思维力、技术力、行为力等，这是一个人生存和发展的基础；二是以精神为标志的力即人的意志力，它对第一种力起到发动、组合和抑制作用，是个体发展的重要条件。在现实生活和工作中，人们不能回避意志力的作用，每当一个人作出一次艰难的决定，在困难中将工作再次向前推进，所依靠的就是这种内心的力量，所以，人们应该积极地用意志力对能力进行发动、组合和抑制，让有的能力以最大的输出发挥作用，让有的能力在限制中发挥作用，让有的能力不发挥作用，使该做的事情做好、不该做的事情得到有效遏制，从而收到预期的工作效果。事实也是如此，假设人的能力相当，当遇到决策危机、工作障碍、技术难题、环境干扰等情况时，由于个人意志力存在着差异，处理问题的态度、路径、方法和力度不同，追求目标的过程就会出现千差万别，其实践结果也大相径庭。

领导者的毅力素质修养包括以下几个方面内容：

培养信心。要坚定信念，坚持用目标导航，面对困难要学会放大自己的优点。

敢于吃苦。要树立正确的苦乐观，把困境考验作为成长经历，善于承担、忍受和进取。

勇于追寻。要勇于追求真理，学会发现、积极探究，善于从各种信息中获取营养。

善于控制。要学会激发与遏止，在实践中善于运用积极力量、限制消极力量。

善于坚持。要把践行诺言作为最高准则，在执行中做到不放弃、不抛弃、不逃避。

案例学习：第一课。

长颈鹿母亲给孩子上的第一课，是用脚踢向刚生下的小长颈鹿，让它翻个跟斗，摊开四肢。如果小长颈鹿不能站起来，长颈鹿母亲会不断地踢它。

小长颈鹿为了站起来，会拼命努力。当小长颈鹿一旦停止这种努力时，母亲就会再次踢向它，迫使它努力站立，直至它用颤抖的双脚站起来。

当小长颈鹿第一次用自己的力量站起后，长颈鹿母亲还会再次把它踢倒，让它永远记住自己是怎么站起来的。只有小长颈鹿真正学会了站起来，才能在荒野中跟上长颈鹿队伍，与大部队一起迁徙，借助群体的力量抵御狮子、老虎等野兽入侵，让自己生存下来。

学会站起来，是小长颈鹿必须学习的第一课。

学习感悟：人生道路都不平坦，前进道路上总会有这样和那样的障碍。一个人要获得事业成功，没有捷径道路可走，唯一的只能是正确面对、迎难而上，以顽强的毅力去化解。这种化解过程，就是要充分发挥自己的意志作用，将积极因素尽可能调动起来，对消极因素最大限度地遏止，使不利的方面逐渐向有利方面转化。之所以有的人能够成功，有的人能够成为伟人，关键在于他们能够正确对待困难，有坚忍不拔的毅力。

二、团队领导的工作方法

学习型组织理论研究认为，从文化管理角度研究领导方法，更能产生号召力，有利于调动成员积极性和创造性，有利于团队建设和发展。下面从七个方面介绍团队领导的工作方法。

1. 营造和谐氛围

这是营造环境的工作方法。轻松的工作环境、和谐的人际关系，是每一个人的期望和追求，因为它能最大限度地减少个人心理压力，消除不必要的提防、紧张、压抑等情绪，以良好的心情投入自己的工作。那么，团队领导应该怎样营造这样的环境呢？

一要营造尊重氛围。得到尊重是每个人的心理需要，无论男女老少，还是领导者和群众都是如此，因为他们希望从对方的态度中获得关于自己的地位和身份的信息，让自己产生自信、自在、自为的感觉和激情，使自己活得有价值。正因为如此，人们所要营造的氛围，就是要让每位成员在团队享有应有的尊严。尊重包括两层含义：首先是领导对成员的尊重，它需要团队领导把普通成员当作难得的职业伙伴来对待，淡化地位、身份等差异，产生志同道合的默许，表现出一贯的尊重行为。其次是成员之间的彼此尊重，它需要每位成员把与对方的合作当作缘分和机会，淡化出身、背景、性格等差异，产生朋友关系的默许，表现出稳定的尊重习惯和行为。

体现尊重，需要团队领导大力倡导、广泛要求、率先垂范，把尊重他人当作团队文化的重要组成部分来建设，用实际行动营造人人尊重、尊重人人的和谐环境。

二要营造民主氛围。从团队角度讲，民主更多地表现为领导的工作方法，就是要坚持走群众路线，依靠大家的智慧和力量去开展工作，提高实践的正确性和有效性。团队民主建设包括：议事民主，要求领导者善于通过小型会议、个别交谈、网络咨询等形式，从不同角度听取成员的意见和建议，提高议事的有效性。决策民主，要求领导者走从群众中来、再到群众中去的决策工作路线即民主—集中—再民主—再集中，以提高决策工作的针对性和正确性。知情民主，就是要及时将工作进程、工作困难、工作结果、利益分配等向成员公开，让他们享有知情权，以便更好地调动他们的积极性。

营造民主氛围，领导者要给予成员话语权，让他们有话敢说、有话愿说、有话能说，说了有人听、建设性意见有人采纳，只有这种平等、轻松、和谐的环境，才能激发他们畅所欲言、积极献策，以主人翁身份参与团队的各项工作。

三要营造沟通氛围。沟通是团队建设的重要内容，是团队活动的重要手段。领导者要建立良好的人际关系，让成员之间消除隔阂、减少误会、消除陈见……构建轻松交往、友好相处的人际环境；要帮助成员打开心灵之锁，让他们拿掉心里的"封条"，敢于向伙伴敞开自己的心扉，倾诉自己的感受、收获、体会、苦恼……做一个敢于交流、愉快工作的自我；要培养成员的沟通习惯和技巧，让他们尽可能将自己掌握的信息、经验和方法与其他成员共享，努力促进团队事业和个人职业发展，做一个善于沟通、善于学习、善于发展的自我。

值得注意的是，营造沟通氛围必须提供有效的机制保障，通过它的杠杆作用，使成员从旧习惯中走出来，树立全局观念，养成有经验就共享、有技术就学习、有问题就纠正、有想法就交流等新习惯。

案例学习：经验的尴尬

小时候上学，经常见到新任老师点名，当他发现某个学生的名字难认时，就会想办法绕过去，目的在于避免尴尬。

一次，新任老师按惯例点名，发现学生名册上有一个少见的姓氏，他不知道这个字的读音，但凭着多年的经验，他能应付眼前的难题。老师跳过这个学生的名字继续往下念，念完后，他不动声色地问道，"刚才有没有没有点到名的同学？如果有，请告诉老师补上。"

老师自认为这一办法很好。以前上课往黑板上写字，如果偶尔遇到记不起来的字，他就这样问学生："这个字我是学过的，谁能记得？"这时候学生就会争先恐后地举手。可是这次连问两遍，居然没人回答。老师觉得很奇怪，难道这个学生今天没有来？他数了一下人数，那个没有点到名的学生的确就在教室里。他很尴尬，只好自我圆场："没点到名的同学请下课后到老师办公室来一趟。"

课后，那个学生来到办公室，见了老师递上一张纸条，上面写到："今天这种场面，我已经历过好几次了。也许我的姓很少见，可是您为什么不直接问我姓啥呢？"

学习感悟：在人们的工作和生活中，免不了也会遇到类似问题，有效地解决途径就是直接沟通，通过彼此信息交换达到共识。人们从案例中可以得到两点启示：首先是以诚相待，之所以这位老师以前的做法能够成功，是因为他用"这个字我是学过的"的语言，向学生传达了当时的确不能记起的诚实信息，正是这一点，才能赢得学生踊跃发言。其次是直言以对，不认识就直接表白，不懂就虚心请教，有想法就直接提出……直言表达、虚心求教、坦言思想更能得到对方的尊重和参与。相反，玩弄耍滑伎俩，是有悖沟通要求的，不利于关系和谐。

2. 善于向下授权

这是给予信任的工作方法。随着团队日益成熟，领导者不再是权利的独享者，而是向成员充分授权的授权者，因为每位成员都能给予充分信任，他们不仅能够做到自我负责，而且还能够做到相互负责，在做好自己本职工作的前提下，都愿意为他人提供有效的帮助，这种责任能力是团队领导向下授权的重要条件。

那么，团队领导应该如何授权？

一是信任授权。授权必须建立在对成员的充分信任基础上，也就是说当权力下放后领导者可以放心，成员有能力用好这份权力。然而，信任与被信任关系不是自然形成的，它需要通过思想互动，建立起领导者与成员之间的平等关系，彼此能够向对方敞开思想，实现透明式地思想交流，以便了解成员的思想动向，知道他们在想什么，便于实时地进行引导；同时，成员也能比较清楚地知道领导者的意图，知道领导主张是什么，便于形成与工作有关的种种思路。需要开展信任交流，领导者应有意识地与成员一道探讨工作中的有关问题，充分听取他们的意见、看法和主张，特别要结合成员已经做过的工作，听听他们的评价、看法和想法，通过交流可以清楚地知道他们的责任意识和责任能力。需要给予信赖，通过前面两个环节的交流和引导后，当成员的可信任程度较高时，就应该给予充分信赖，可以大胆地向他们授权，否则，还要等待条件成熟后方可授权。

二是充分授权。这是一个条件授权问题，是时间与范围的统一。所谓充分受权，首先是时段内的充分授权，为完成某项任务在某一时段应该授予成员一定权力，让他们在这一时段内充分享有决策权和处事权；其次是范围内的充分授权，也就是说针对某项任务，成员应该拥有某些权力，当他们获得这些权力后更有利于工作展开和能力发挥。无论时段或范围授权，授权一定要充分，把该下放的权利一定要放下去。

三是科学授权。它表现在四个方面：首先是根据工作需要，该授权时要立即授权，不要舍不得，不要不放心，相信他们能做好，放手让他们去干。其次是授权后不要干预成员的工作，让他们根据自己的思路去运用权力，去推动工作，但是，领导者还应该扮演好指导员的角色，根据工作需要及时给予指导，帮助他们用好权力。再次是授权不等于放纵，要进行必要的过程检查，看他们运用权力是否到位、是否恰当、是否正确，当发现问题时要及时给予纠正。最后是保留权力收回，当某一成员出现用权原则问题或行为严重越轨时，领导者要及时收回原先的授权，以防止事态恶化。

案例学习：斯达尔放权。

斯达尔是美国一家公司的 CEO，自 1985 年放权以来，企业得到了迅速发展。他认为，"权力要下放才行，一把抓的控制方式是一种错误，最好的控制来自人们的自制。"

斯达尔先从计划方面放权。以前，预算方案由专门人员负责，为了解决预算与实际紧密结合问题，他将预算权下放到现场工作人员那里，由他们针对实际制订。刚开始，现场工作人员不太适应，预算工作需要在财务人员指导下完成，后来，他们学会了预算技术，财务人员只是把关了。由于现场工作人员能够制定预算方案，他们就会更加科学地考虑生产线功能，并根据现场实际，实时提出添置设备及其现金流等分析报告。

为了让员工拥有更多权力，斯达尔还撤销了人事部门，成立了"终身学习人才开发部"，支持每一位员工为自己的梦想而奋斗。公司每年向员工发放学习津贴，对学有成效的员工给予奖励。

自从实行权力下放以来，公司的经营形势十分喜人，销售额每年递增 15%。

学习感悟：之所以提倡放权，首先因为一线成员最清楚任务的实际情况，需要什么条件和环境来保证它，当赋予成员应有的权力后，他们会根据客观需要充分发挥自己的创造作用，把工作做得更好；相反，由于权力过于集中于上层：一方面领导者不可能清楚地了解现场情况，容易导致决策延迟和失误，另一方面，尽管成员清楚地知道该做什么或怎么做，但由于权力限制可能导致机遇丧失。其次，将必要的权力下放后，领导者可以有更多的时间，从团队发展角度考虑战略和计划问题，有利于组织更长远地发展。

3. 及时给予指导

这是转换角色的工作方法。学习型组织理论认为，在团队建设中领导者的角色至关重要，他们应该从领导型角色转换成指导型角色，在实践中成为队员的教练员和指导员。因为，角色转换有利缩短与成员之间的心理距离，促使领导者改进工作作风，以更恰当的领导身份和工作方法，带领和组织成员更好地工作。及时给予指导，就是要做到以下两个坚持：

一要坚持指导员身份。领导者要克服等级心理影响，使自己从"权力迷雾"中走出来，建立起与成员之间的伙伴关系，在平等基础上与他们相处、商议和处事。

此外，要使自己成为技术上的教练，尽量熟知团队业务、技术和流程，每当一项新的工作开始前，在安排任务的同时能够进行示范演练，使自己从工作布置者转变为技术示范者；要将工作检查转变为工作指导，根据计划、规范要求以及工作进展情况，实时对成员给予指导，通过探讨和协商寻求有效的解决方法。

二要坚持价值引导。领导者要重视团队发展与成员成长的关联关系，将团队工作与成员的职业发展联系起来，在指导工作的同时帮助他们端正价值取向，换句话说，就是要指导他们将本职工作与自身价值联系起来，能够从工作成就中体会自己的价值所在，即为之付出是值得的、有价值的。价值引导是一项细心和长期的工作，只有坚持这一做法，才能让成员更好地接受他人的指导，才能使他们从工作实践中体会出自己的生命意义，从而增强工作的自觉性和有效性。

案例学习：一则通告。

早期的欧洲，看电影是一种时髦，电影院的生意非常火爆。有一家电影院的老板却遇到了一个麻烦，让他很棘手。

事情是这样的，总有一些年轻爱美的女孩，在欣赏电影时还戴着大帽子，她们追求着时尚和漂亮，但挡住了后面观众的视线，后面的观众抱怨很多，严重的还引来不少投诉。

有人建议老板在电影院里颁布一道禁令，禁止观众看电影时戴帽子。但是，戴帽子是当地女性的风俗，她们拥有戴帽子的权力和自由。面对票房收入、女性权力和观众怨言三个方面问题，老板权衡再三，终于想出了一个绝妙办法。

等到下一场电影开始的时候，电影院老板特意在银幕上打出了这样一行通告："凡年老体弱的女士，允许戴帽看电影，不必摘下。"

通告字幕打出后，所有戴帽看电影的女性全都摘下了自己的帽子。

学习感悟：提倡工作指导，就应该学会顺势而为，运用引导方式去改善工作效果。在团队，总会存在左、中、右的成员差别，他们的工作能力、表现和业绩也不尽相同，但是，每个人都拥有自尊心，希望得到他人的尊重。当发现某一成员的工作进展不够顺利、不够理想的时候，领导者就应该相信他是为之付出了心血和热情的，如果在尊重和肯定的前提下，对他的不足进行恰当指导，他就会心悦诚服地接受并加以改进。

4. 耐心帮助他人

这是关心成员的工作方法。在文化管理日益发展的今天，人们除了正常工作之外，还需要得到心理的慰藉，当一个人在前进道路上感到迷茫时，希望有人帮助点亮心中之灯；当一个人偶尔心情郁闷时，希望有忠实的听众、宣泄的对象和疏导性帮助，使自己重新充满激情；当一个人遇到困难或面对困境时，希望得到他人的关怀、鼓励和帮助，使自己从集体的温暖中获得信心和力量。这些是成员的需求，也是领导者应该掌握的工作方法。耐心帮助他人就是要做到：

一是诚心帮助成员解决困难。领导者要把每位成员当作自己的事业伙伴，只有他们真心合作与随从，自己的理想才能实现、事业才能成功。当成员遇到非工作性困难的时候，领导者应视他们的困难为己任，及时关心并积极寻求解决办法，尽快帮助他们从困难中走出来。当成员遇到工作困难的时候，领导者应积极伸出援助之手，与他们一道研究解决问题的途径，帮助他们解难、辅导他们成长。这是领导者应尽之责，也是领导之术。

二是积极引导成员健康成长。这属于心理援助行动。每个人都有心理高潮和低谷，特别是如何面对心理低谷，以阳光心理替代阴云心理，这是成员健康成长的关键，也是领导者应高度重视的工作。培养成员的阳光心理，就是要帮助他们正确面对成就、荣誉及挫折、失败和教训，当他们载誉归来时，要为他们骄傲和自豪，号召其他成员学习他们的精神，并及时帮助他们树立新的奋斗目标；当他们遭遇逆境时，要及时送去信心援助，当好倾诉对象、当好点子参谋、当好技术教练，用实际行动帮助他们走出困境，认识教训和总结经验，重振信心去做好今后的工作。

三是努力营造团队助人氛围。从广义角度讲，帮助是全体成员之间的事情，它包括领导者帮助成员，也包括成员帮助领导者，还包括成员之间的相互帮助。因此，领导者要善于营造团队帮助氛围，让人人都有帮助之心、帮助之情、帮助之行，以帮助之绳联系你、我、他，这是 1+1>2 的重要条件，也是高绩效团队有别于其他群体的重要特点。

案例学习：菩萨的脚印。

有一个人梦见自己和菩萨一起走在沙滩上，眼前闪过自己生活中的一幕一幕。

在过去的每一幕里，沙滩上总有两对脚印，一对是自己的，另一对是菩萨的。当最后一幕闪过之后，自己回头再看沙滩时，却发现有好几次那里只有一对脚印，而那些时候正是自己经历中最低潮、最难过的阶段。

于是，他很困惑地问菩萨："您答应我的，您说您会寻声救苦，一旦我誓愿跟随您，您就会一直走在我身边护持我。但是，在我最难受、最痛苦的时候，沙滩上却只有一对脚印！我不懂，为什么在我最需要慰助的时候，慈悲的您却舍我而去？"

菩萨回答说："我忆念你，护持你，而且我永远不会离开你。在你最困难、最痛苦的时候，你只看到一对脚印，因为那是我抱着你……"

学习感悟：工作和生活就是如此，当成员遭遇困难、身陷困境、心力交瘁的时候，最害怕的是孤军作战，最期望的是能有人及时伸出援助之手，帮助去除心理障碍，解决燃眉之急。团队领导者，就是要扮演好关心他人、帮助他人的角色，并用自己的实际行动，影响其他成员形成群体的巨大力量，当这种共识达成之后，"菩萨的脚印"就会永远留在成员的心中，他们不再孤独和胆怯，便成为敢于向前的勇士。

5. 主动协调关系

这是控制效果的工作方法。在团队除了讲究人文关怀以外，协调工作过程是领导者的重要职责。任何工作都体现为过程，其过程的方向、长度、宽度和深度，直接影响着结果的质量，为保证工作预期，就需要对工作过程进行协调与控制。主动协调就是根据预期变化，提前做好人、财、物以及做事流程的调整工作，以保证后续工作能够按照既定方向发展，收到应有的预期效果。如何做好协调工作？应该重视以下两个方面问题。

一是不放任自流。不要因为强调授权就放任自流，对成员及工作放弃管理，恰恰相反，授权是管理的技术手段，是领导者与成员相结合的双重管理，是在充分发挥成员主观能动作用基础上的引导性管理，而不是放弃要求、什么都不管，所以，领导者授权后要积极探讨和尽快适应新的管理模式。不要因为人情关系和背景因素，模糊了领导者的工作视线，降低了正常的工作要求，应该坚持标准、一视同仁，让所有行为在同一规范要求下运行，只有这样，才能给予大多数成员的公平，充分发挥他们自我管理、创新工作的能动作用。

二是善于调控。首先要善于发现，以前瞻意识和能力，及时捕捉到处于萌芽状态的相关信息，并能进行正确研判。其次要果断处理，凡是不利于团队发展和任务推进的消极因素，无论涉及什么人、什么事，都应该在第一时间内对工作要素进行控制和调整，让事物恢复到正确轨道上运行，以保证预期目标实现。再次要讲究协调技巧，因为人是工作中最活跃的因素，只有优先解决了他们的思想、观念和行为问题，管理中的一切问题才能迎刃而解。

案例学习：管理者的角色。

有一个男孩问迪斯尼的创始人华特："你画米老鼠吗？"

"不，我不画。"华特说。

"那么你负责思考所有的笑话和点子吗？"男孩问。

"也不，我不做这些。"华特说。

男孩很困惑，接着追问："那么，迪斯尼先生，你到底做些什么呢？"

华特笑了笑，回答说："有时我把自己当作一只小蜜蜂，从片厂一角飞到另一角，搜集花粉，给每个人打打气。我猜，这就是我的工作。"

在华特与孩子的对话中，一个管理者的角色便呈现在我们的眼前。

学习感悟：上述简单对话，揭示了管理者角色的意义。在团队，领导者就应该像小蜜蜂一样，不停歇地从这里飞到那里，搜集信息、协调关系、鼓舞士气，在大家的共同努力下实现组织目标。领导者协调各种关系就是在实施管理，只不过艺术高超的人，能够让这一工作做到细雨润无声，达到事半功倍的效果。

6. 工作率先垂范

这是树立标杆的工作方法。领导者要时刻想到自己就是标杆、就是榜样、就是旗帜，其言谈举止都向成员传递着种种信息，正面、积极的信息将会唤醒成员的心灵，让他们在震撼中佩服，在佩服中追随，在实践中创造。作为领导方法，率先垂范没有什么技术要求，唯有的就是要求作风过硬，能够事事处处带头，率先做到令行禁止，自觉做到工作创新。

当然，领导者带头的目的还在于启动成员一道工作，凝聚所有力量为着团队目标去奋斗。当工作方案一时不能被成员接受和认同时，领导者作出示范的同时，还应该帮助他们认识和理解方案的理由和意义，让他们在认同基础上一道工作。只有成员认同度不断提高，领导者的率先垂范作用才能得到最大限度地发挥。

7. 组织反思学习

这是整理思路的工作方法。每项工作开始前、进行中和结束后，领带者要善于组织成员反思学习。反思公式详见本章模块1团队解决问题的方法（TYBZ03603001）之解决方案制订。当工作开始前，要组织他们对即将实施的方案进行反思学习，看有没有更好的主义，有没有被忽视的问题，有没有更好的思路……在工作进行中，要组织他们对工作过程进行反思学习，看工作进度和质量如何，离预期目标的距离有多远，存在哪些问题，下一步工作思路是什么……在工作结束后，千万不要一了百了，还应组织成员对工作结果进行反思学习，看工作结果离目标距离有多远，存在哪些经验和不足，今后应注意什么、该发展哪些思路……

反思是学习的过程，也是培养成员习惯的过程，组织好反思学习对团队建设和发展有着重要意义，因此，领导者应该把反思当作工作来做，让它贯穿到团队的建设和工作全过程，做到人人、时时、处处、事事都有反思，使反思成为团队的习惯和文化。

【思考与练习】

1. 领导者的人格素质包括哪些内容？希望你再补充两条并说明理由。

2. 结合实际回答情商修养对领导者的工作意义。

3. 如何实现有效沟通？结合实例说明。

4. 简述领导者授权与管理的辩证关系。

5. 在团队，领导者应该扮演什么角色？为什么？

参 考 文 献

[1] 陈一星. 团队建设研究以大学生为例. 北京：中央编译出版社，2007

[2] Susan A.Wheelan. 创建有效团队 针对成员和领导的指南. 北京：中国轻工业出版社，2008

[3] 张金洋. 大雁精神 最形象生动的团队精神教科书. 北京：中国纺织出版社，2006

[4] 马鸿展. 团队领道. 北京：清华大学出版社，2007

[5] 程新友. 团队建设与有效沟通. 北京：旅游教育出版社，2007

[6] 彭小海，李欣. 钥匙 打造高效团队秘笈. 北京：机械工业出版社，2008

[7] 孙建敏，王青. 把沙子变成石头 高效经理人团队管理技能培训与自修教程. 北京：企业管理出版社，2007

[8] 章义伍. 如何打造高绩效团队 打造高绩效团队的七大技巧. 北京：北京大学出版社，2006

[9] 尚水利. 团队精神. 北京：时事出版社，2005

[10] 李家晔. 进阶. 北京：中国经济出版社，2005

[11] 张智慧. 打造黄金团队. 北京：新华出版社，2007

[12] 吕峰，金志扬. 像教练一样带团队. 北京：机械工业出版社，2007

[13] 丹尼斯·雷纳，米歇尔·雷纳. 信任决定成败. 长春：长春出版社，2007

[14] 辛海. 团队为赢. 北京：中华工商联合出版社，2007

[15] 李慧波. 高效能团队. 北京：中国城市出版社，2008

[16] 李雪峰. 心灵解锁. 北京：西苑出版社，2005

[17] 滕刚. 感动你一生的故事全集. 石家庄：花山文艺出版社，2006